Allitera Verlag

Beiträge zur Geschichtswissenschaft
Reihe Lebenszeugnisse

Herausgegeben von Ernst Piper

Zwi Katz

Von den Ufern der Memel ins Ungewisse

Eine Jugend im Schatten des Holocaust

Mit einem Geleitwort von Ernst Holthaus
und einem Nachwort von Christoph Dieckmann

Allitera Verlag

*Gewidmet dem Andenken
meiner Lieben und Kameraden,
denen es nicht beschieden war,
dieses Inferno zu überleben*

März 2010
Allitera Verlag
Ein Verlag der Buch&media GmbH, München
© 2010 Buch&media GmbH, München
Umschlaggestaltung: Alexander Strathern, München
unter Verwendung der Skulptur »Todesmarschmahnmal«
von Hubertus von Pilgrim
Herstellung: Books on Demand GmbH, Norderstedt
Printed in Germany · ISBN 978-3-86906-074-3

Inhalt

Geleitwort von Ernst Holthaus 7

Danksagung 9

Prolog: Zwei seltsame Begegnungen 10

Kinderjahre 18

Der Anfang des Schreckens.................................... 44

In den Krallen der Bestien 56

Räder müssen rollen für den Sieg 86

Der Marsch ins Ungewisse 98

Epilog... 111

Nach 1945 116

Nachwort von Christoph Dieckmann 121

Geleitwort

Mit einer Liebeserklärung an Litauen, seine alte Heimat, beginnt Zwi Katz diesen so außergewöhnlichen Lebensbericht. Sein Bericht führt uns an die Ufer der Memel, wo die Familie im Sommerhaus des Großvaters viele Jahre lang glückliche Ferienzeiten verbrachte. In einem liberalen bürgerlichen Elternhaus wuchs der Autor mit seiner Schwester Dita auf, eng verbunden mit der deutschen Sprache und Kultur. Auch das deutsche Kinderfräulein Helene prägte jene Jahre – bis zum Sommer 1941.

Zwi Katz war 14 Jahre alt, als die nationalsozialistische Vernichtungsmaschinerie Europa überrollte und jener Idylle ein jähes Ende bereitete. Sein Schutzengel hat Zwi, wie er einmal schrieb, aus dem Inferno gerettet und in eine neue Heimat nach Israel geführt.

Nach der Besetzung Litauens durch die Deutschen folgte eine unvorstellbare Leidenszeit, von der die Menschen, die sie durchlitten haben, nie mehr sprechen wollten. Die Erinnerungen daran mußten jahrzehntelang verdrängt werden, um ein neues Leben beginnen und eine neue Existenz aufbauen zu können.

Am 1. November 1992 bin ich Zwi Katz zum ersten Mal begegnet. Mit einer größeren Delegation war ich nach Jerusalem gereist, um in der Gedenkstätte Yad Vashem der Enthüllung eines Mahnmals in Erinnerung an den Todesmarsch aus dem Konzentrationslager Dachau und den Außenlagern beizuwohnen. Wir trafen zahlreiche Überlebende und diese intensiven Begegnungen waren der Beginn bleibender Freundschaften.

Unvergessen ist für mich, wie würdevoll, vornehm, in gewähltem Deutsch Zwi Katz damals von seinem Leben erzählte. Ich war sehr beeindruckt von seiner charaktervollen Persönlichkeit. Noch an jenem ersten Abend lud ich Zwi nach Deutschland ein, drei Wochen später bei der Enthüllung eines weiteren Mahnmals an der Strecke des Dachauer Todesmarschs in Grünwald zu sprechen.

Als ich 14 Jahre alt war, hatte ich am 29. April 1945 vor meinem Elternhaus in Grünwald den Elendszug der Häftlinge aus dem Konzentrationslager Dachau gesehen. Auf diesem Todesmarsch schleppte sich auch Zwi Katz, nur wenig älter als ich, mit Tausenden von Leidensgenossen durch Würm- und Isartal gen Süden ins Ungewisse. Wir sind uns damals nicht begegnet. Aber uns beide, Zwi, der das Unmenschlichste erleiden mußte, und mich als Zeitzeugen, vereint die Verpflichtung, dafür einzustehen, daß die millionenfachen menschlichen Tragödien, die die Nazidiktatur über Europa gebracht hat, niemals in Vergessenheit geraten.

Dieses so persönlich gehaltene, zeitgeschichtlich wichtige und wertvolle Dokument kann darüber hinaus dazu beitragen, das heutige Geschehen im Nahen Osten besser zu verstehen. Besonders auch für junge Menschen soll dieses Buch ein Ansporn sein, sich für Demokratie, Menschenrechte und Toleranz zu engagieren und ihren persönlichen Beitrag zu leisten zum NIE WIEDER.

Ernst Holthaus

Danksagung

Mein ganz besonderer Dank gilt meinem Freund Otto Ernst Holthaus, ohne dessen Unterstützung dieses Buch nicht entstanden wäre.
Dank schulde ich auch Dr. Dirk Walter, Redakteur beim »Münchner Merkur«, und meiner Schwester Dita, die Dozentin für Deutsch ist. Ohne ihre Hilfe und ihren Rat, ohne die Zeit und Mühe, die sie der Sache widmeten, hätte ich es niemals geschafft, dieses Buch auf Deutsch zu schreiben. Dita half mir zudem – trotz der Bedrückung, die ihr diese Erinnerungen bereiteten –, mein Gedächtnis aufzufrischen und Tatsachen zu erläutern, die ich nicht kannte oder die mir nicht klar genug waren.
Dank gebührt auch meiner Frau und Lebensgefährtin Ester, die mich unentwegt ermutigte und es mir ermöglichte, dass ich mich in voller Ruhe und Konzentration dem Schreiben widmen konnte.
Ich bedanke mich auch bei Ernst Piper für die vertrauensvolle Zusammenarbeit und für die redaktionelle Bearbeitung.
Und nicht zuletzt sei Friedrich Kunstwald erwähnt, der bei unserem ersten Treffen in Reichersbeuern vor 15 Jahren prophezeite: »Du wirst noch einmal ein Buch darüber schreiben.«
Dieses Buch ist das Ergebnis der gemeinsamen Anstrengungen aller hier Erwähnten. Dafür bin ich ihnen zu großem Dank verpflichtet.

Zwi Katz   Holon, Israel

Prolog: Zwei seltsame Begegnungen

Das Heulen der Sirenen zerriß die Morgenstille. Der Kalender zeigte den 5. Juni 1967. Die Stunde der Entscheidung war gekommen. Seit Wochen leben wir unter dem drohenden Schatten der Invasion. Die mobilisierten Streitkräfte all unserer Nachbarstaaten, die uns an Soldaten und schweren Waffen weit überlegen sind, drohen mit Krieg und Vernichtung. Sie umlagern das kleine Land, in das ich, einer der wenigen Überlebenden des Holocaust, nach einer schier endlosen Odyssee gekommen bin, um endlich als freier Mensch, der Herr seines Schicksals ist, ein normales und sicheres Leben führen zu können.

Dieser kleine Flecken auf der Weltkarte ist nur ein Bruchteil unserer alten historischen Heimat, aus der wir im Altertum durch die Römer vertrieben worden waren. Seitdem kamen und gingen die verschiedensten Herrscher und Imperien, aber das einstige Königreich Davids blieb immer nur ein kleiner vernachlässigter Bezirk, der von Fürsten und Sultanen rücksichtslos ausgebeutet wurde. Die alten Wälder wurden von durchziehenden Armeen als Heiz- und Baumaterial genutzt und zerstört. Die wenigen Quellen verliefen sich in mit Moskitos verseuchten Sümpfen, und die Malaria plagte die Menschen. Das einst blühende Land wurde verwüstet.

Das jüdische Volk, das all die Jahre der Vertreibung hindurch das Andenken und die Sehnsucht an seine ehemalige Heimat mit sich getragen hatte, betrachtete es als sein Vaterland. Die Juden bewahrten es in ihrem kollektiven Gedächtnis, in ihrem Glauben und in ihren Gebeten, bei denen sie sich Richtung Jerusalem wandten. In Trauer und in Freude, Jerusalem war immer dabei. »Mit dem Aufbau von Jerusalem sollt ihr getröstet werden«, sagten sie den Trauernden und »Nächstes Jahr in Jerusalem« wünschten sie einander bei ihren Festen. Jeder Bräutigam unter dem Trauungstuch, noch bevor er seiner Auserwählten den Ring auf den Finger steckte, schwor in aller Heiligkeit: »Wenn ich dich vergesse Jerusalem, soll mich meine Rechte vergessen, und meine Zunge soll am Gaumen feststecken, wenn ich dich nicht erwähne und nicht zum Haupt meiner Freude erhebe.«

Jetzt, nach 2000 Jahren, hatten wir uns endlich einen Platz unter der Sonne, in unserer alten historischen Heimat errungen. Er fiel nicht wie Manna vom Himmel herab. Unsere Vorfahren ließen Heimat, Eltern und Geschwister, Ansehen und Wohlstand hinter sich, um unter der sengenden Sonne die verseuchten Sümpfe und das Brachland in blühende Gärten zu verwandeln. Acker für Acker, Ziegel für Ziegel bauten sie unter größen Entbehrungen und ständiger Gefahr die alt-neue Heimat für ihr bedrängtes Volk. Dann mußten sie mit den Engländern ringen, die trotz allem Geschehen und entgegen ihren internationalen Verpflichtungen die Tore des Landes vor den Resten des europäischen Judentums verschlossen hielten. Als die Vereinten Nationen im November 1947 beschlossen, das Land in einen jüdischen und einen arabischen Staat zu teilen, stimmten wir zu, wurden aber gezwungen, uns gegen die Invasion von fünf arabischen Armeen der Nachbarländer, die diesen Beschluß nicht achteten, zu verteidigen, während die Welt zusah, vielleicht mit Sympathie, aber ohne einen Finger zu rühren.

Auch ich, der ich mich wie andere Überlebende des Holocaust trotz aller Blockaden der Seemacht Großbritannien und monatelanger Internierung in den Lagern von Zypern nach Israel durchgeschlagen hatte, nahm an dieser letzten Etappe teil. Zu Beginn hatten wir kaum Gewehre für jeden Mann. Und auch diese wenigen wurden in versteckten und getarnten kleinen Werkstätten zusammengebaut. Diese handgefertigten »Stenguns« (englische Maschinenpistolen) versagten manchmal gerade in den kritischsten Momenten.

Es war ein Kampf auf Leben und Tod. Gott sei gelobt, wir siegten, aber wir zahlten einen furchtbaren Preis. Viele ließen ihr junges Leben, und unter ihnen waren nicht wenige, die als einzige Überlebende ihrer Familien gerade erst dem nationalsozialistischen Inferno entkommen waren.

Ich blieb am Leben und heiratete Ester, meine Lebensgefährtin, die als einzige von ihrer ganzen Familie überlebt hatte. Nur mit ihrer Hilfe konnte ich die verlorenen Jahre etwas nachholen. Ich studierte Landwirtschaft und wurde beim Landwirtschaftsministerium angestellt. Jetzt hatten wir ein Heim, Arbeit, zwei gesunde Kinder, und wir lebten in unserem eigenen Staat. Die Zukunft erschien in rosa Farben, und wir waren glücklich und zufrieden mit dem, was uns Gott zugedacht hatte.

Wir hatten auch Freunde, die wie wir Überlebende waren und mit denen zusammen wir diesen weiten Weg nach Israel zurückgelegt hatten. Wir trafen uns oft und unterhielten uns über alles, was uns interessierte oder Sorgen machte; nur über eines wurde niemals gesprochen: die Vergangenheit ... Diese lag in den tiefsten Gehirnzellen verschlossen, ein schwarzes, versiegeltes Loch. Nur nachts in den Alpträumen drückte sie auf die Seele. Aber nur eine dünne und zerbrechliche Schicht der Verdrängung lag zwischen der Gegenwart und der lauernden Vergangenheit, die auf ihre Zeit wartete, um wieder ins Bewußtsein zu dringen. Am 5. Juni 1967 war es soweit.

1967 waren der größte Teil der Westbank und Ost-Jerusalem mit der Altstadt seit fast zwanzig Jahren unter arabischer Herrschaft. Keiner hatte die Araber daran gehindert, dort noch einen Staat zu gründen. Aber sie denken gar nicht daran; was sie wollen, ist einzig unser kleines Land. Was wird passieren, wenn wir, Gott behüte, einmal, nur einmal, einen Krieg verlieren? Das wird auch das letzte Mal sein ... zwanzig Jahre danach ... und unser Kampf um einen Platz unter der Sonne ist noch immer im Gange ... Diese Gedanken wirbeln mir durch den Kopf, während ich hastig die Schnürsenkel an meinen Militärschuhen festziehe, und ... was in dem schwarzen Loch verstaut war, ist unvermeidlich aufgetaucht. Ich versuche diese Gedanken zu verscheuchen. Wir sind jetzt schon längst nicht mehr die wehrlose, den Mördern ausgelieferte hilflose Bevölkerung. Aber doch stehen wir nun vor drei hochgerüsteten Armeen, die uns zahlenmäßig mehrfach überlegen sind. Es ist wieder ein Kampf auf Leben und Tod.

Aus dem Radio ertönt der Mobilisierungsbefehl. Das Stichwort meiner Einheit ist auf der Liste. Ich raffe mich auf. Als ich aufblicke, steht Ester vor mir. Alle Worte sind überflüssig, ich sehe es an ihrem Blick. Sie ist wieder dort ... dort, wo sie sich immer nachts, stöhnend, in ihren Alpträumen befindet: ein kleines Mädchen, das, in einem Roggenfeld versteckt, mit Entsetzen zwischen den Ähren zusehen muß, wie ihre Mutter und ihre Geschwister, die kleinste Schwester noch auf dem Arm, für immer abgeführt werden ...

Wir umarmen und verabschieden uns. Die Tränen stehen uns in den Augen. Als ich schon an der Tür bin, höre ich die Frage, die mehr als alles andere offenbart, was unser Gemüt bewegt: Wo hast du deine Pistole hingesteckt?

Ich verlasse mein Heim schweren Herzens, entschlossen, mein neues Leben wenn nötig bis zum letzten zu verteidigen. Doch es kommt nicht dazu. Mit meinen 40 Jahren gehöre ich schon nicht mehr zur ersten Garnitur, und meine Einheit kommt gar nicht zum Einsatz. In sechs Tagen werden alle drei Armeen in die Flucht geschlagen, und ihre Kampfflugzeuge werden am Boden zerstört, noch bevor sie Gelegenheit haben aufzusteigen. Alles übrige ist heute schon Geschichte.

Wie kam es dazu? War es ein Zufall? War es ein Wunder? In der Tat, was damals und auch später entscheidend war, war unsere geheime Waffe. Diese hat zwar einen Namen, aber keine faßbaren Bestandteile. Diese Waffe befindet sich, zusammen mit der Vergangenheit, in unserem Unterbewußtsein, sie pocht in unseren Adern und wallt in unserem Blut, und sie heißt »Nie wieder!«

Das können Sie gar nicht kennen ...

Am 5. Juni 1967 hielt die ganze Welt den Atem an. Nur 22 Jahre nach dem Holocaust drohte dem jüdischen Volk eine neue Katastrophe. Der unerwartete und schnelle Sieg rief eine Welle der Begeisterung hervor. Zahllose Jugendliche aller Nationen strömten in unser Land. Sie kamen, um die Auferstehung des jüdischen Volkes aus der Asche des Holocaust zu bewundern und es näher kennenzulernen.

Einige Monate später, als ich von meiner Arbeit in den landwirtschaftlichen Siedlungen auf dem Nachhauseweg bin, nehme ich in meinem Wagen zwei dieser sogenannten Freiwilligen mit. Die jungen Burschen wollen das Kloster Latrun besuchen. Es ist zwar ein Umweg, aber ich mache ihn gerne, aus Sympathie, aber auch aus Neugierde. Unterwegs frage ich in englischer Sprache, woher sie kommen. Einer von ihnen erklärt sofort, daß er Engländer sei, der andere läßt meine Frage unbeantwortet, woraus ich schließe, daß er aus Deutschland stammt. »Sie kommen aus Deutschland, nicht wahr?« gehe ich ins Deutsche über. Ein kleinlautes »Ja« bestätigt meine Vermutungen. Woher in Deutschland er sei, frage ich weiter. Sichtlich erleichtert, daß das Gespräch freundlich weitergeht, erklärt er mir, daß es ein ganz kleiner Ort sei. »Davon gibt es Tausende bei uns, das können Sie gar nicht kennen.« Etwas drängt mich weiterzufragen: »Doch, sagen Sie es mir bitte.« Irgendwie habe ich ein vages Gefühl, daß es mit meiner Vergangenheit zu tun hat. Was ich nun höre, ist einfach nicht zu glauben und verschlägt mir buchstäblich den Atem – der Bursche kommt geradewegs aus ... Waakirchen!

Waakirchen ist der Ort, an dem unser Todesmarsch aus dem KZ Kaufering und Dachau, der in den letzten Tagen und Stunden des Krieges noch Ungezählte das Leben kostete, endlich liegenblieb. Waakirchen ist der Ort, an dem ich nach vier schrecklichen Jahren wieder zum Leben auferstand, nachdem es zuvor fast ein jähes Ende genommen hätte.

Wie groß war die statistische Wahrscheinlichkeit, daß ich unter den Hunderten oder Tausenden Freiwilligen aus allen europäischen Ländern auf jemanden stoße, der wirklich, von all den Tausenden kleinen deutschen Gemeinden, ausgerechnet aus Waakirchen stammt? Eins zu hunderttausend? Eins zu einer Million? Ein unfaßliches Zusammentreffen! Ich bin sprachlos.

Schweigend setze ich die Fahrt bis Latrun fort. Als wir angekommen sind, halte ich den Wagen an, drehe mich, schaue meinen Gesprächspartner, der immer mehr in Verwirrung gerät, langsam an und lasse mir die

Genugtuung, ihn zu überraschen, nicht entgehen. »Wieso weiß ich nicht, wo Waakirchen ist?!« sage ich mit einem geheimnisvoll klingenden Unterton. »Ich werde ihnen schildern, wie man nach Waakirchen kommt: Zuerst geht es die Serpentinen bei Wolfratshausen hinunter, dann über einen Fluß und weiter vorbei an Königsdorf, bergab nach Bad Tölz, an der großen Kaserne vorbei ...« Mein Gesprächspartner blickt mich sichtlich überrascht und erstaunt an. »Ach, Sie waren dort als Tourist ... ?« Jetzt bin ich an der Reihe. Ich weiß nicht, soll ich weinen oder lachen. Ich, der in Streifen gekleidete, ausgemergelte, halbtote Häftling, der unter dem Schnee übernachtet – ein Tourist?! Etwas Absurderes und Groteskeres kann man sich gar nicht ausdenken! So weit ist es also gekommen, denke ich mir. Der Mensch lebt über 20 Jahre in Waakirchen und hat nicht die geringste Ahnung! »Tourist ... Ja, schon ... aber auf Kosten des Dritten Reiches«, kommt es mir etwas sarkastisch über die Lippen.

Blaß und schweigend verlassen die beiden meinen Wagen. Ohne daß ich, von diesem unmöglichen Treffen benommen, nach dem Namen gefragt hatte, setze ich meine Fahrt fort, tief in Erinnerungen versunken. Den Weg nach Hause nehme ich gar nicht wahr. Was ich sehe, sind die vom Hunger ausgemergelten Leichen, eine riesige Betonhalle, die Züge von Zement und Menschenleben frißt, eine elende Menschenkolonne im Schneegestöber, die Erschossenen an den Straßenrändern ... und ich laufe um mein Leben ...

Die Vergangenheit ist erneut und diesmal unentrinnbar aufgetaucht und sie wird mich nicht mehr in Ruhe lassen, während sie sich langsam in mein Bewußtsein zurückschleicht, um allmählich den ihr gebührenden Platz einzunehmen.

Sie waren in Dachau?

Zwanzig Jahre danach bin ich mit Ester in einem Mietwagen auf der Route des Todesmarsches unterwegs nach Waakirchen.

Jetzt, da ich mein 60. Lebensjahr erreicht habe, mein Leben fest gegründet ist und beide Kinder schon erwachsen sind und auf eigenen Beinen stehen, überwältigen mich die Erinnerungen. Das mir allein schon fast Unglaubliche, das ich gesehen und erlebt habe, beherrscht mein Gemüt, und der Gedanke, daß es vergessen wird, bedrückt mein Gewissen.

»Da ist sie wirklich, die große Kaserne«, ruft Ester erregt aus, als wir Bad Tölz Richtung Süden verlassen. Sie kennt meine Erzählungen und doch staunt sie, als das bislang nur Gehörte sichtbare Gestalt annimmt.

Sonderbarerweise geht es mir ebenso. Einige Kilometer weiter erkenne ich das Wäldchen, wo wir die letzte Nacht unter dem Schnee lagerten. Noch etwas weiter und wir sind in Waakirchen.

Ich will mich auf dieser Reise meiner Erinnerungen vergewissern, aber ich hege auch den Wunsch, jemanden aus dem Ort zu treffen, der es miterlebt hat und mir vielleicht, vielleicht die rätselhaft gebliebene Frage beantworten kann: Wer waren und woher kamen so unerwartet die Menschen, nach denen ich wie ein Ertrinkender nach einem Strohhalm griff und die sich so unerwartet für den ihnen unbekannten jüdischen Häftling einsetzten?

Jeden Passanten, der mir im passenden Alter zu sein scheint, frage ich, ob er weiß, was hier am letzten Kriegstage passierte. Aber offenbar weiß keiner, wovon ich spreche. Achselzucken oder: »Ich war im Krieg«, »Ich komme aus einem anderen Ort«, »Habe keine Ahnung«. Niemand weiß etwas oder will etwas darüber wissen. Dasselbe wiederholt sich im benachbarten Reichersbeuern, wo ich damals verzweifelt die Flucht am hellen Tage wagte.

Ich kann die Leute verstehen, auch sie haben es verdrängt. Es sind keine angenehmen Erinnerungen, und das Ganze ist ein heikles und peinliches Thema, das augenscheinlich verdrängt und vermieden wird. Müde von der langen Reise, enttäuscht und entmutigt, gebe ich die Suche nach einem Zeitzeugen auf.

Ganz zufällig standen wir bei einem Lebensmittelladen, es war Samstag und nahezu Feierabend. So beschlossen wir, noch schnell etwas einzukaufen. Wir waren die letzten und einzigen Kunden, und die Frau an der Kasse verfolgte das Gespräch, das ich mit Ester auf hebräisch führte, ziemlich aufmerksam:

»Du kannst doch diese Frau hier fragen, die Leute in diesen Läden kennen hier jeden.«

»Ach laß mich, es hat keinen Zweck, du siehst doch, sie wollen darüber gar nichts wissen.«

Aber Ester läßt nicht locker. »Was?!! Wir sind Tausende von Kilometern hierhergefahren, und du bist nicht bereit, noch einmal zu fragen?!«

Natürlich hatte sie recht, aber ich war so müde und entmutigt. Etwas unwillig und entschlossen, daß es wirklich das allerletzte Mal sein würde, entschuldige ich mich und frage nochmals ohne jeden Gedanken, daß die Antwort diesmal anders ausfallen würde.

Vollkommen überraschend folgt meiner Frage jetzt eine prompte Gegenfrage: »Sie waren in Dachau?«

Freya Kunstwald weiß genau, wovon ich spreche. Sie kommt zwar aus einer anderen Gegend, aber Friedl, ihr Mann, der ein Einheimischer ist, befand sich auf der Straße, als der Häftlingszug durch Reichersbeuern getrieben wurde. Seitdem erzählt er immer wieder von diesem schrecklichen Anblick. Ob ich ihn sprechen will? Es ist, wie vor 20 Jahren bei Latrun, ein merkwürdiges und unglaubliches Zusammentreffen.

Friedrich Kunstwald war damals ein 14jähriger Junge. Die Männer waren im Krieg, und die älteren Kinder mußten die nötigen Hilfsarbeiten in der Gemeinde verrichten. So fand ihn der Schreckenszug auf der Straße, und er schaute entsetzt auf die gestreiften ausgemergelten Kreaturen, die mit den Holzschuhen klappernd an seinem Elternhaus vorbeifluteten. Einer der Häftlinge warf ihm plötzlich eine Ziehharmonika[*] zu und rief: »Schnell Junge, Brot!« Er konnte die Kolonne mit einem zu Hause gebackenen Brot, das ihm seine Mutter gab, gerade noch einholen und es dem Mann zustecken, als ihn ein kräftiger Fußtritt eines Postens, von einem Fluch begleitet, in die Reihen der Häftlinge hineinstieß. Seitdem bewahrte er das Instrument auf und hegte den unwahrscheinlichen Gedanken, daß eines Tages jemand kommen und danach fragen wird. Als ich bestätige, daß ich eine von diesen gespensterähnlichen Gestalten war, die hier vorbeizogen, sehe ich, wie seine Haare an den Armen sich buchstäblich sträuben.

In Friedrich und Freya Kunstwald fand ich richtige Freunde. Deutsche, die die Vergangenheit nicht vergessen haben und sie nicht verdrängen und ihr Bestes tun, um das Andenken aufrechtzuerhalten. Mit ihrer Hilfe konnte ich den Spuren nachgehen und alles, was mir noch rätselhaft geblieben war, herausfinden. Es war der Anfang einer Freundschaft, von der aus ich auch Verbindungen zu vielen gleichgesinnten Menschen in Deutschland fand. Ich entdeckte, daß es das, was man das »neue Deutschland« nennt, wirklich gibt.

Schnell lernte ich viele Menschen kennen, die sich der Sache der Erinnerung und des Gedenkens verschrieben haben. Es ist nicht möglich, sie hier alle aufzuzählen, aber wenigstens zwei, die sich in Seele und Tat der Sache widmen, will ich hier noch erwähnen: Dr. Ekkehard Knobloch, langjähriger Bürgermeister von Gauting, und Ernst Holthaus aus Grünwald bei München. Auch Friedrich Schreiber, der sieben Jahre als Korrespondent des Bayerischen Fernsehens in Israel weilte, hat sich nach seiner Rückkehr voller Energie engagiert. Dank ihrer aller Tätigkeit stehen heute, 55 Jahre danach, in allen Orten, an denen der Todesmarsch vorbeiführte, Mahnmale, ein mit großer Eingebung und Verbundenheit geschaffenes Werk von Prof. Hubertus von Pilgrim, zum Gedenken an die Opfer und als Mahnung für die Zukunft. Die Schranken des Schweigens und der Verdrängung sind gefallen. Gemüter stehen wieder offen und streben danach, mehr zu wissen und genauer zu verstehen, insbesondere über das, was sich in ihrer Umgebung zugetragen hat.

Fast jedes Jahr komme ich jetzt nach Oberbayern, um vor Schülern und auch vor sonstigem Publikum meine Erlebnisse an allen Leidensstationen, durch die mich mein Schicksal geführt hat, zu erzählen. Ich lerne von meinen Zuhörern, die mir eine ganze Stunde gespannt zuhören, daß meine Schilderungen als Zeitzeuge eine Einsicht und ein Verständnis vermitteln, das der Geschichtsunterricht mit all seinen Daten, Ortsverzeichnissen und Zahlen gar nicht schaffen kann. Mehr und mehr empfinde ich es als eine Art Verheißung, meine Erlebnisse, das Gesehene, Gehörte und Gefühlte aufzuschreiben, bevor es verlorengeht.

Ich werde manchmal mit Recht gefragt, wo ich denn so viele Jahre geblieben sei. Ich habe viel darüber nachgedacht und glaube folgendes darauf antworten zu können:

Wer nach der Befreiung nicht den gesunden Lebensinstinkt hatte, die Erinnerungen zu verdrängen, konnte nicht die geistige Kraft aufbringen, ein neues Leben aufzubauen, und nicht wenige von diesen Unglücklichen befinden sich seitdem auch, leider, in Nervenheilanstalten.

Im Alten Testament, im Buch Kohelet, haben die alten Propheten gerade darüber das richtige geäußert: »Jede Sache hat ihre Zeit und jedes Begehren hat seine Stunde unter dem Himmel ... eine Zeit zum Weinen und eine Zeit zum Lachen, eine Zeit für die Trauer und eine Zeit für den Tanz, ... eine Zeit zum Schweigen und eine Zeit zum Reden.« Und heute hätten sie wahrscheinlich noch hinzugefügt: eine Zeit zum Verdrängen und eine Zeit zum Erinnern ...

---

* Wie in vielen anderen Lagern gab es auch im Lager Kaufering 1 eine Musikkapelle. Die SS-Männer hatten eine sonderbare Vorliebe für Musik, sie hielten sich nämlich für »kultivierte Menschen«. Es sollte zudem einen guten Eindruck auf zufällige, von draußen kommende Zuschauer machen, wenn die Kapelle Märsche spielte, während die Halblebendigen zur Arbeit marschierten. Die Musiker, einst berühmte Solisten und Dirigenten, bekamen dafür einen Extra-Teller Suppe und blieben von der harten Arbeit verschont. Das erklärt, warum sie sich bei der Evakuierung trotz der Strapazen an die schweren Instrumente klammerten, sie waren eine Art »Lebensversicherung«. Die Ziehharmonika befindet sich heute in der Dachauer KZ-Gedenkstätte.

Kinderjahre

Zwischen zwei Geburtstagen

SS-Standartenführer Karl Jäger konnte zufrieden sein. Unter seiner Führung wurden von Juli 1941 bis Ende November in knapp fünf Monaten 137 346 Menschen exekutiert. Das hieß: aus ihren Häusern gezerrt, zu den vorbereiteten Gruben getrieben, über den Haufen geschossen und, wenn sie nur verwundet waren, lebendig begraben. Damit sah er seine Aufgabe, »das Judenproblem für Litauen zu lösen«, als erfüllt an.

Karl Jäger war ein Massenmörder, aber er war kein Bandenführer. Er war vielmehr Befehlshaber der Sicherheitspolizei und des Einsatzkommandos 3, somit auch deutscher Beamter und seiner eigenen Aussage nach »stets ein Mensch mit höherer Pflichtauffassung«. Als solcher hatte er nicht nur fast 140 000 Menschen mit einem »Rollkommando von nur 8–10 bewährten Männern« grausam ermordet (das übrige besorgte die litauische Miliz), sondern auch pflicht- und ordnungsgemäß am 1.-Dezember 1941 Bericht darüber erstattet.[*]

Dieser Bericht enthält eine Liste von über 60 Städten und Gemeinden in Litauen. Fein säuberlich wird notiert, wo, wann und wie viele Menschen er umgebracht hat. Als getreuer Beamter hielt er es auch für nötig, aufzulisten, wie viele von den Getöten Juden, Jüdinnen und jüdische Kinder waren. Das Töten war eine Staatsangelegenheit, und der Mörder hatte wie gesagt eine »höhere Pflichtauffassung«.

Daß in Vilkija, einem jüdischen Städtchen an der Memel, statt 404 Menschen »nur« 402 umgebracht wurden, daß ich und meine Mutter nicht auf der Schreckensliste der getöteten Jüdinnen und Judenkinder aufgezählt wurden, war nicht Karl Jägers Schuld. Ein unbekannter Wehrmachtssoldat hatte ihm, am 10. Juli 1941, einen Strich durch die Rechnung gemacht.

Genau 14 Jahre vorher, am 10. Juli 1927, war ich auf die Welt gekommen ...

»Aischke«

Ich wurde in Kaunas, der damaligen Hauptstadt Litauens, als zweites Kind einer liberalen jüdischen Familie geboren. Die Eltern hatten akademische Berufe. Mutter, von allen Liolia genannt, war diplomierte

Zahnärztin und Vater Izak studierte Ökonomie; beide konnten jedoch ihre erlernten Berufe nicht ausüben und führten ein Kinderwarengeschäft.

Wir waren nicht reich, aber es genügte für eine wohlhabende bürgerliche Existenz. Es gab bessere und schlechtere Zeiten, aber eines stand fest: Wir Kinder sollten eine gute Erziehung und auch die bestmögliche Ausbildung bekommen.

Litauen, das nach Jahrhunderten russischer Unterdrükkung erst vor kurzem seine Unabhängigkeit errungen hatte, konnte zu diesem Zweck nur wenig bieten. Wer eine höhere Bildung für seine Kinder erstrebte, mußte sie im Ausland studieren lassen. Das geschah meistens in Deutschland, dem großen, fortschrittlichen westlichen Nachbarn, oder sogar in Zürich, und dazu mußte man natürlich die deutsche Sprache beherrschen. Diese Überlegungen (wie auch andere Vorteile) veranlaßten meine Eltern, ihre Kinder in der deutschen Kultur erziehen zu lassen. Dies wurde auf dem besten Wege dadurch erreicht, daß für uns ein deutsches Kinderfräulein, kurz »Fräulein« genannt, angestellt wurde. Zudem wurde Dita, meine einige Jahre ältere Schwester, auf die deutsche Realschule geschickt. Dasselbe war auch für mich vorgesehen, kam aber nicht zustande, weil gerade, als ich ins Schulalter kam, die Ära der Nationalsozialisten begann.

Unser Fräulein, Helene Zimmerman, kam aus Russ, einer kleinen Stadt in dem an Litauen angeschlossenen Memelgebiet. Gleich von der Wiege an und bis zum sechsten Lebensjahr wurde ich von ihr betreut. Da die Eltern beschäftigt waren und sie die Kinder in getreuen Händen wußten, bekam ich sie wenig zu sehen, doch »Aischke«, so taufte ich sie irgendwann, wie es bei Kindern manchmal geschieht, war vom Aufstehen bis zum Schlafengehen um mich. Sie erzählte mir die schönsten Kindermärchen und lehrte mich liebliche deutsche Kinderlieder. Aischke hatte eine gute Bildung und sprach mit uns ein tadelloses Hochdeutsch. Kein Wunder, daß es meine »Muttersprache« wurde und »Hänschen Klein« wie auch die Grimmschen Märchen zu meinen ersten literarischen Erfahrungen gehörten.

Sonst war ich ein kleines Kind, das mit seinem Fräulein spazierenging und, wenn es etwas sehr erschreckte, nicht zauderte, zu ihrer größten Verlegenheit und unter schallendem Gelächter der Passanten unter ihrem weit gebauschten Rock Zuflucht zu suchen.

---

* Aus dem sogenannten Jäger-Bericht vom 1. Dezember 1941. Archiv Jad Vashem, PS-2076/018-245.

Ich kann mich nur sehr wenig an diesen Zeitabschnitt erinnern, aber den warmen Gefühlen nach, die ich noch heute für Aischke hege, muß es eine glückliche Kindheit gewesen sein. Aischkes Dienst endete, als die Nazis an die Macht kamen, und merkwürdigerweise hat sich mir dazu eine besondere Episode ins Gedächtnis eingeprägt.

Es war Sommer, wir waren in Großvaters Sommerhaus, als eines Tages ein braun uniformierter junger Mann Aischke besuchte. Die Uniform wie auch sein unfreundliches Benehmen – er lächelte nicht und tat die ganze Zeit so, als ob er uns Kinder gar nicht bemerkte – wirkten auf mich abstoßend und fremd. Wir gingen zu dritt im Wald spazieren. Aischke führte mich an der Hand, und der Uniformierte redete die ganze Zeit eindringlich auf sie ein. Sein Wortschwall hatte einen entschiedenen, böse flüsternden Unterton, und meine liebe Aischke weinte unaufhörlich. Ich verstand nicht, warum, aber ich kann mir heute vorstellen, welche rassistischen Ideen der »Braune« ihr eintrichterte und warum Aischke, die mich liebte, die ganze Zeit weinte.

Ich wollte sicher ihre Aufmerksamkeit auf mich lenken, als gerade ein großer schwarzer Käfer über den Waldpfad lief. »Schau, Aischke, da ist ein ... ein ... Maikäfer«, kam es mir aufgeregt über die Lippen, obwohl ich genau wußte, wie so ein »flieg Maikäfer flieg« aussieht. »Das ist kein Maikäfer! Das ist ein Mistkäfer!«, belehrte mich der »Braune« hochmütig und verdrossen darüber, daß ich seine hitzigen Ausführungen unterbrochen hatte. Dabei dachte er sicher, wie rückständig doch dieses »Untermenschenkind« wohl war und wie es seine rassistischen Anschauungen gerade bestätigte.

Kurz darauf verschwand Aischke aus meinem Leben. Das Jahr 1933 kam, und nichts war mehr wie früher.

Wegen der politischen Lage verließ meine Schwester Dita die deutsche Realschule und kam auf ein litauisches Gymnasium. Das Kinderwarengeschäft meiner Eltern, das auf deutsche Importware angewiesen war, mußte geschlossen werden. Mutter ging ihrem ursprünglichen Beruf als Zahnärztin nach, arbeitete aber zuerst als Praktikantin, um ihre Zulassung zu bekommen. Unsere finanzielle Lage verschlimmerte sich so sehr, daß wir das gemietete Häuschen auf der »Laisves Aleja«, der Hauptstraße von Kaunas, aufgeben mußten und zeitweilig bei Großvater Josef wohnten. Jedenfalls konnte auch Aischke nicht mehr bei uns bleiben, und ich kam in die Obhut von Tante Berta.

Mein Vater Izak und meine Mutter Liolia,
links die Schwester meines Vaters,
Tante Rachil.

Tante Bertas »Tischlein deck dich«

Berta, Mutters ältere Schwester, die wegen ihrer teilweisen Taubheit zurückgezogen lebte und niemals heiratete, war ein gutmütiger Mensch, treu und bescheiden.

Da Großmutter Maria herzleidend und daher die meiste Zeit bettlägerig war, lag es an Tante Berta, die als einzige Tochter zu Hause blieb, ihre Mutter zu betreuen und den Haushalt zu führen. Sie tat es mit viel Liebe und Ergebenheit, ohne zu murren, war immer tüchtig und guten Mutes. Berta war eine ausgezeichnete Hausfrau und Köchin, ihre Speisen und Gebäcke schmeckten wunderbar, der Tisch war immer zierlich gedeckt, das Essen appetitlich serviert, und überall im Haus herrschten Ordnung und Reinheit.

Bis unsere wirtschaftliche Lage sich verbesserte, blieb ich also bei Tante Berta, die mich liebte und sich um mich wie um einen eigenen Sohn sorgte. Sie behandelte mich mit äußerster Güte, schalt mich niemals und versuchte mich immer mit guten Worten und Beispielen auf die richtige Bahn zu lenken.

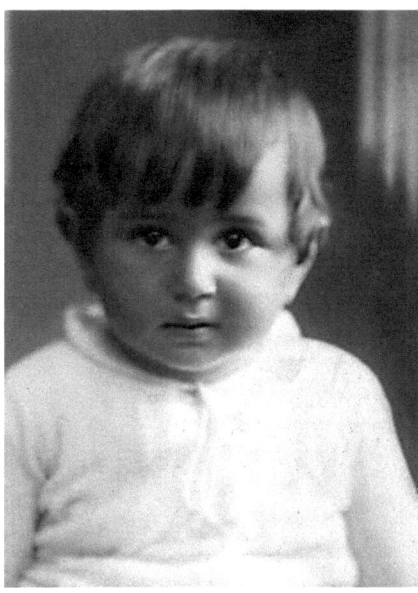

Mit zweieinhalb Jahren.

Jedes Jahr in den Sommerferien weilten Dita und ich auf Großvaters Sommersitz, der sogenannten Datscha. Es war die schönste Zeit unserer Kinderjahre, und wieder war es Berta, die dort den Haushalt führte und auf uns aufpaßte. Wir konnten uns gar nichts Besseres wünschen. Trotz der schweren Bedingungen, ohne fließendes Wasser und sanitäre Anlagen, war alles blitzblank, und auf unserem »Tischlein deck dich« befanden sich immer die frischesten Speisen und Leckerbissen.

Besondere Sorgen bereiteten wir Tante Berta, als wir in dem nahe gelegenen Fluß baden wollten. Ich konnte noch überhaupt nicht schwimmen, Dita schon etwas besser, und obwohl die Memel hier ruhig vorbeiströmte und wir uns nicht zu tief hineinwagten, war es doch kein gefahrloses Unternehmen. Dabei konnte Tante Berta nicht schwimmen und wäre somit im schlimmsten Fall hilflos gewesen. Doch sie fand einen Ausweg. Ein langes Seil wurde herbeigeschafft und uns an seinen beiden Enden um die Hüften gebunden, Tante Berta stand am Strand und hielt das Seil an seiner Mitte, wie die Zügel an einem Wagen. So konnten wir ungestört im Wasser herumplanschen, ohne vom Strom weggezogen zu werden, und wenn es nötig gewesen wäre, hätte Berta uns herausziehen können. Wer aber an einem Fluß aufwächst, lernt schnell schwimmen, und nach kurzer Zeit war diese Vorsichtsmaßnahme nicht mehr nötig.

Tante Berta war dann später mit uns im Ghetto, und trotz der schweren Bedingungen, dem Hunger und der ständigen angsterfüllten Atmosphäre war sie die Ruhe in Person. Sie war eine Seele von Mensch, die keinem etwas zuleide tat. Tante Berta, der »gefährliche Feind« der wahnsinnigen »Herrenrasse«, wurde am 27. März 1944 in der Alten-und-Kinder-»Aktion« zusammen mit Großvater Josef von den Nazis ermordet.

Familienerzählungen und Schicksale

Außer Tante Berta und meiner Mutter hatte Großvater Josef Birger noch eine Tochter und einen Sohn, Tante Emma und Onkel Iluscha.

Iluscha war Junggeselle. Er war politisch links eingestellt, hatte wahrscheinlich entsprechende Verbindungen, nahm eine höhere Stellung ein, als die Kommunistische Partei mit dem Einmarsch der Russen 1940 in Litauen an die Macht kam, und war der einzige in unserer Familie, dem zu Beginn der deutschen Invasion die Flucht in die Sowjetunion gelang. Iluscha entkam, kämpfte in den Reihen der Roten Armee, wurde verwundet und kehrte am Ende des Krieges nach Litauen zurück.

Tante Emma war die älteste Tochter und hatte zwei schon erwachsene Kinder. Ihr Mann Leon und Sohn Monja wurden gleich zu Anfang des Krieges mit noch einigen tausend jüdischen Männern wie auch Frauen, die vorher durch die litauische Miliz vergewaltigt worden waren, im berüchtigten Fort VII. umgebracht. Tante Emma war im Ghetto und kam in Stutthof um. Ihre Tochter, meine Kusine Lena und deren Mann Ephraim, überlebten, aber den kurz vor dem Krieg geborenen Sohn konnten sie nicht retten. Er wurde Lena in der schon erwähnten Kinder-»Aktion« aus den Händen gerissen. Dieses entsetzliche Ereignis ließ sie ihr ganzes Leben lang nicht mehr los.

Großvater Zemach und Großmutter Basia, die Eltern meines Vaters, waren sehr vermögend. Sie hatten ein florierendes Sport- und Schreibmaschinengeschäft und in ihrem Besitz waren zwei große Wohnhäuser. Außer meinem Vater hatten sie noch zwei Söhne und eine Tochter, Tante Rachil. Sie war verheiratet, hatte zwei Kinder und lebte wie wir in Kaunas.

Jascha war ihr Ältester und wanderte in die USA aus. Über den Anlaß wurde in der Familie folgendes erzählt: Im Rußland der Zaren, die jede Freiheit unterdrückten und Minderheiten verfolgten, gab es vor dem Ersten Weltkrieg verschiedene revolutionäre Bewegungen. Häufig waren deren Fahnenträger die gebildeten Kreise der Studenten und

Gymnasiasten. Trotz des herrschenden Antisemitismus, oder gerade deshalb, waren auch jüdische Jugendliche dabei; sie glaubten, daß mit der allgemeinen Freiheit, für die sie kämpfen wollten, auch das Ende der Judenverfolgung kommen würde. Ein Teil dieser Bewegungen glaubte seine Ziele durch Attentate auf den Zaren wie auch auf andere wichtige Amtsträger zu erreichen.

Eines Tages, als Großvater Zemach Katz mit seinem zweitältesten Sohn Chanon in seinem Laden war, brach plötzlich draußen auf der Straße ein Tumult und Lärm aus. Die Leute liefen durcheinander und schrien, daß der Sohn von Katz auf den »Gubernator« (den Staatsverwalter eines großen Bezirks) geschossen habe. Kurz darauf drangen Polizeioffiziere ins Geschäft ein, wo sie Chanon verhaften wollten. Ganz zufällig war zur selben Zeit der Stadtprokuror von Kaunas im Geschäft. Er erklärte kurzerhand, daß es sich hier sicher um einen Irrtum handle, da der Sohn von Katz sich die ganze Zeit im Geschäft befunden und auch nicht für einen Moment seinen Platz verlassen habe; er selbst, der Prokuror, sei Zeuge dafür. Die verblüfften Polizisten zogen unverrichteter Dinge wieder ab.

Mein Großvater
Josef Birger.

In der Tat war der älteste Sohn, Jascha, der Attentäter gewesen. Noch in derselben Nacht wurde er über die Grenze nach Deutschland geschleust, und sein erschütterter Vater sorgte dafür, daß er möglichst weit weg von den revolutionären Kreisen kam, und so landete er am Ende in Amerika.

Onkel Chanon studierte in Deutschland und in der Schweiz und lebte in Paris. Über seine seltsamen Erfahrungen in der Zeit des Ersten und Zweiten Weltkriegs erzählte er mir einmal folgendes:

Am Ende des Ersten Weltkriegs studierte er in Zürich. Dort verbrachte er viel Zeit in einem Kaffeehaus am Stammtisch eines liberal und sozialistisch eingestellten Freundeskreises. Im selben Café verkehrte auch ein Mann, der immer in einer Ecke saß und seine Notizhefte mit Bemerkungen füllte. Sie kannten ihn als russischen Sozialisten und Arbeiterführer und grüßten sich immer gegenseitig. Der Name dieses Mannes war Wladimir Iljitsch Uljanow, genannt ... Lenin!

Eines Tages, als der Zar schon entthront war, wurde bekannt, daß trotz des anhaltenden Kriegszustands zwischen Rußland und Deutschland die deutschen Behörden damit einverstanden waren, daß Lenin in einem versiegelten Waggon durch Deutschland nach Finnland reiste, natürlich mit dem Ziel, nach Rußland zu kommen. Darauf beschloß die Stammtisch-Gesellschaft, ihn am Bahnhof zu verabschieden. Am Tag seiner Abreise trafen sie sich also am Bahnsteig, und der älteste ihrer Gruppe, ein alter Liberaler, hielt die Abschiedsrede. Am Ende sagte er noch: »Herr Lenin, wir hoffen, Sie wieder in der Schweiz begrüßen zu können.« Lenin, der bis dahin geschwiegen hatte, schaute sie alle nachdenklich an und sagte dann: »Werde ich wieder in die Schweiz kommen, dann wird es schlimm werden!«

Onkel Chanon, der stets zu Scherzen aufgelegt war, erzählte mir dazu noch einen passenden Witz: Ein Radiosender in der Sowjetunion [Radio Eriwan] erklärte sich bereit, alle möglichen Fragen zu beantworten. Am nächsten Tag meldete sich jemand mit der folgenden Frage: »Ist es möglich, in der Schweiz den Kommunismus einzuführen?« Die Antwort darauf kam unverzüglich: »Im Prinzip ja, aber wäre es nicht schade?«

Ein verhängnisvoller »Chamsin«

Das Leben in der reichen Natur und dem gemäßigten Klima Litauens war schön und bequem, und keiner ahnte, welch schreckliches Inferno auf uns zukam. Ohnehin sind die Juden ein unverbesserlich optimistisches Volk, das auf die Frage: »Was gibt es Neues?« nur eine Antwort hat: »Es wird schon gut werden.«

Merkwürdigerweise war mein Vater anders gestimmt. Wie mir Mut-

Meine Großeltern Zemach und Basia Katz.

ter später erzählte, entwickelte er durch seinen Umgang mit den Litauern ein ausgesprochen feines Gespür und merkte bald, daß die antisemitische Hetze und die »Verunmenschungen« der Juden, die von Nazideutschland nach Litauen drangen, auf offene Ohren und fruchtbaren Boden fielen. Vater versuchte deshalb seine Eltern, welche die nötigen Mittel dafür besaßen, davon zu überzeugen, daß wir Litauen verlassen sollten. Er sagte ihnen immer wieder: »Man wird unsere Kinder aus den Fenstern werfen.«

Eine der Möglichkeiten war, in die alte Heimat des jüdischen Volkes, das heutige Israel, zu übersiedeln, und er sorgte sogar dafür, dass seine Eltern eine Reise nach Tel Aviv machten. Die Stadt, die sich damals, im Jahre 1936, im Bau befand, war voller Sand und Staub. Das heiße und trockene Klima und die vorherrschende gelbbraune Farbe standen im krassen Gegensatz zu dem gemäßigten Sommer und den grünen Wiesen und Wäldern in der reichlich mit Wasser gesegneten Landschaft Litauens.

Aber es kam noch schlimmer. Das Schicksal wollte es, daß in der Zeit, als meine Großeltern dort weilten, ein schrecklicher »Chamsin« das Land heimsuchte, ein aus der Wüste kommender, sehr heißer und trockener Wind. Zu dieser Zeit gab es keine Klimaanlagen, und die Hitze war unerträglich. Die beiden schon etwas älteren Leute rangen nach Luft und dachten, daß ihre letzte Stunde gekommen sei. In ihrer Verzweiflung wollten sie sich im Badezimmer auf den nassen Fußboden legen, doch die Wasserleitungen, die der Sonne schutzlos ausgesetzt waren, waren so aufgeheizt, daß aus dem Hahn nahezu kochendes Wasser strömte. Das war ihnen zuviel. Sie kehrten nach Litauen zurück. Es war das Ende jedes Auswanderungsgedankens, und damit war ihr und auch unser Schicksal besiegelt.

Die fröhlichen Feste

Unsere Eltern waren beide fortschrittliche und freidenkende Menschen. Uns Kindern wurde keine Ideologie oder Religion aufgedrängt, und wir sollten uns selbst im Laufe der Zeit eine Weltanschauung schaffen. Sie waren auch nicht religiös, gingen nicht zum Beten und beachteten nicht die »koschere« Küche. Dasselbe galt für Großvater Zemach.

Nur bei Großvater Josef, der die alten Traditionen bewahrte, konnte ich die Freuden, welche die jüdischen Feste den Kindern bieten, genießen. Es handelte sich hauptsächlich um zwei Feste: Chanukka und Pessach. Mit ersterem feiert man den Befreiungskrieg gegen die Griechen und das Wunder, als eine Öllampe, die nur für einen Tag ausreichend Öl hatte, das ewige Feuer am Tempelberg acht Tage lang am Brennen hielt. Darum wird in einem besonderen Leuchter jeden Tag eine zusätzliche Kerze angezündet, und somit ist es auch ein Fest des Lichtes, das die Dunkelheit verscheucht. Kinder spielen mit dem Kreisel und naschen traditionelles Gebäck. Am besten ist das Chanukkafest durch das Lied, das unsere Enkel auch heute noch singen, zu beschreiben:

Chanukka o Chanukka, du bist ein Fest ein schönes
Ein lichtes, ein fröhliches, es gibt nicht noch so eines
Tag und Nacht geht der Kreisel im Kreis
Krapfen und Kartoffelpuffer essen wir heiß.

Unsere Hauptfreude an diesem Fest war der Brauch, den Kindern etwas Geld zu geben. Es hieß »Chanukkageld«, und man bekam es von den Eltern wie auch von den Großvätern und Onkeln. Damit konnte man eine zusätzliche Portion Eiscreme genießen oder ins Kino gehen, um sich einen schönen Shirley-Temple- oder einen Mickey-Mouse-Film anzuschauen.

Aber nichts glich dem Pessachfest. Es war das einzige Mal im Jahr, daß sich die gesamte Familie zu einer festlichen Mahlzeit um einen großen Tisch zusammenfand. Auch hier bekam das jüngste Kind ein schönes Geschenk, mußte aber dafür vier traditionelle Fragen auswendig lernen und melodisch aufsagen und dann hatte es noch eine besondere Aufgabe zu leisten ...

Von einem, für mich besonderen, Pessachfest will ich hier erzählen.

Haggadah – Die Pessachsage

Um den großen festlichen, mit besonderem Pessachgeschirr gedeckten Tisch hat sich die gesamte Familie versammelt. Großvater Josef, der einzige in der Familie, der, wie schon erwähnt, die alten Traditionen wahrt, liest die Pessachsage vor.

Die Anwesenden unterhalten sich in einem halblauten, heiteren Ton, um höflichkeitshalber den Eindruck zu erwekken, daß sie auch ein Ohr der Vorlesung widmen. In Wirklichkeit machen sie sich gar nichts daraus, schon allein deshalb, weil sie kein Wort von diesem Laschon Kodesch, der heiligen Sprache der Thora (die alte hebräische Sprache), verstehen. Und dann, was geht es sie schon an, was vor 2000---Jahren, irgendwo im weiten Osten, passierte? Viel mehr wünschen sie sich, daß es damit ein Ende nimmt, weil es eine lange Erzählung ist und alle schon ziemlich hungrig sind. Dazu drängen aus der Küche bereits die verlockenden Gerüche von »gefilltem Fisch« und Hühnersuppe mit den »Kneidalach«, die meine liebste Tante Berta so geschmackvoll zu bereiten weiß. Es ist genau wie der Spruch, der bei uns umgeht: »Man liest die ›Haggadah‹ und man meint die ›Kneidalach‹.«

Das ist wirklich schade, denn diese uralte Erzählung ist gerade zu dieser Zeit, da Europa schon im Kriege versunken ist, höchst aktuell. Hätten sie den Text verstanden und ihm Gehör geschenkt, dann wären sie vielleicht mißtrauischer gewesen und nicht so optimistisch geblieben, angesichts all der mit furchtbarem Haß und Drohungen aufgeladenen Hitlerschen Hetzreden. Denn wovon handelt dieser uralte Text?

Er schildert einer der frühesten Versuche des Völkermords an den Söhnen Israels. Es handelt sich um einen ausgeklügelten Vernichtungsplan, bei dem man den besten Nutzen daraus ziehen will. »Werft jeden neugeborenen Jungen in den Fluß« – so lautet der Befehl des ägyptischen Königs Pharao. Die erwachsenen Männer werden bei schwerster Fronarbeit eingesetzt. Sie bauen ganze Städte – »Pitom und Ramses« – und

Meine Mutter auf der Laisves Allea, der Hauptstraße von Kaunas, in den zwanziger Jahren.

Pyramiden. Erbarmungslos angetrieben und geschlagen schuften sie tagelang unter der heißen Sonne, und sie werden es nicht lange aushalten. Kindermord und »Vernichtung durch Arbeit« – es gibt nichts Neues unter der Sonne. So wird Pharao endlich dieses Volk loswerden, das ihn so schreckt, weil es so sonderlich ist: Sie glauben nicht an Götzen, sondern an einen einzigen Gott im Himmel. Sie behalten ihre Kultur und mischen sich nicht mit anderen Völkern. Sie gedeihen und vermehren sich trotz aller Versklavung und, was am schlimmsten ist, sie anerkennen nicht Pharao als Gott, wie alle anderen Untertanen.

Die Bibel ist das erste und älteste Geschichtsbuch, und sie klingt im Jahre 1939 wahrhaft hellseherisch. Doch hat jemand irgendwann Lehren aus der Geschichte gezogen?

Ich erfülle meinen Teil bei der Lesung und sage die traditionellen vier Fragen auf, um die herum die ganze Pessachsage aufgebaut ist. Sehr verkürzt und im Kern sind es folgende: Was unterscheidet diese Nacht von allen Nächten? Warum essen wir in allen anderen Nächten Brot und in dieser Nacht nur Matzes (Pessachbrot, aus dünnem, ungesäuertem Teig gebackene Plätzchen)? Warum essen wir jede andere Nacht verschiedene Gemüse und in dieser Nacht nur Meerrettich? Warum sitzen wir jede andere Nacht einfach am Tisch, und nur in dieser Nacht sitzen wir alle frei angelehnt zusammen?

Ich deklamiere die Fragen auswendig mit einer Melodie und ernte brausenden Beifall. Großvater setzt die Lesung fort, die eine ausgedehnte und ausführliche Antwort auf die vier Fragen ist, und erzählt dabei die ganze wunderliche Geschichte vom Exodus eines Volkes aus ägyptischer Knechtschaft: »Diese Nacht unterscheidet sich von allen Nächten, weil wir von der Finsternis der Sklaverei in das Licht der Freiheit herausgeführt wurden. Wir essen Matzes zum Andenken, daß in der Eile keine Zeit war, den Teig gären zu lassen. Wir essen Meerrettich, damit wir nicht vergessen, wie bitter die Sklaverei war.« Und so weiter und so weiter …

Die Vorlesung wird durch viele Beispiele, weise Sprüche und Dichtungen, die Gott loben und preisen, ausgeschmückt: »Nicht nur hat er vor uns das Meer geteilt, sondern es auch über den Kampfwagen des Pharao wieder geschlossen. Nicht nur hat er uns 40 Jahre in der Wüste ernährt und erhalten, sondern uns auch zum Berg Sinai gebracht. Nicht nur hat er uns zum Berg Sinai gebracht, sondern uns auch die 10 Gebote und die Thora gegeben. Amen Halleluja! Nicht nur …«

Großvater Josef weiß natürlich, daß die Anwesenden nichts von dem Gelesenen verstehen und das Ende der langen Tirade ungeduldig erwarten. Darum liest er in einem Tempo, daß sich alles wie ein hastiges Gemurmel anhört.

Schließlich ist es soweit: »Leschana haba bejeruschalajim … Im kommenden Jahr in Jerusalem, dieses Jahr als Knechte, das nächste Jahr als freies Volk.« Erleichtert und das Abendessen witternd stimmen alle fröhlich dem Endvers des abschließendes Liedes zu: »Chad gad jah, chad gad jah« – man könnte fast denken, sie hätten die ganze Zeit aufmerksam zugehört.

Mich beschäftigt im Augenblick nur der eine Gedanke, wie ich »unbemerkt« den »Afikoman« entwenden kann. Das sind drei besondere Matzes, die zwischen zwei großen Kissen auf einem Stuhl neben dem Sitz von Großvater ruhen. Dem Brauch nach darf ich, der Jüngste in der Familie, in ihren Besitz kommen, um mir dafür bei der Rückgabe etwas zu wünschen. Natürlich ist es nur ein Spiel, bei dem alle so tun, als hätten sie nichts gesehen, aber doch soll ich scheinbar unbemerkt an den »Afikoman« kommen.

Das festliche Abendessen wird serviert, und alle versinken in ein lautes, fröhliches Gespräch, bei dem sie immer wieder Tante Bertas Kochkünste loben. Diesen Rummel nutze ich, um unter den Tisch zu tauchen. Dort winde ich mich zwischen den Füßen der Anwesenden hindurch, und nach einer Minute bin ich wieder zurück mit meiner Beute und löffle meine Suppe mit ruhiger Miene.

Das festliche Abendmahl ist zu Ende. Großvater hebt das Kissen auf, stößt ein gespieltes »Na so was!« aus, und meine große Stunde hat geschlagen. Ich melde mich mit der Nachricht, daß der »Afikoman« in meinem Besitz ist. Alle Augen sind auf mich gerichtet, neugierig zu erfahren, was ich mir dieses Mal wohl wünsche. In der Regel sind es höchstens neue Schlittschuhe und dergleichen, aber diesmal habe ich etwas ganz anderes vor. Es ist ein ganz besonderer und ungewöhnlicher Wunsch: Ich verlange, besser gesagt, ich bitte und flehe, daß mir trotz der schweren Zeiten versprochen wird, daß die Datscha, Großvaters Sommerhaus an der Memel, nicht verkauft wird und auch weiter die innigste Freude meiner Kinderjahre bleiben wird.

Sommerfreuden auf der Datscha

Großvater Josef ist nicht mehr vermögend. Vielmehr ist er ein ziemlich alter Mann, dem das Herumgehen schon schwerfällt, und Gott weiß, wovon er lebt. Doch wieso dann der Besitz einer Datscha?

Sie ist ein Überbleibsel und Zeugnis des einstigen Wohlstands in den Zeiten, als er noch ein junger und erfolgreicher Mann war. Dann aber kam der Erste Weltkrieg. Die Russen wurden von den deutschen Streitkräften geschlagen, und die Schuld wurde wie immer bei den Juden gesucht. Sie wurden verdächtigt: Sprechen sie nicht, unter sich, so einen deutschen »Dialekt«?

Als »Gegenmaßnahme« veranlaßte Nikolaj Nikolajewitsch, der oberste russische Befehlshaber, daß vor dem Einrücken der deutschen Truppen alle jüdischen Einwohner von Kaunas die Stadt innnerhalb von 48 Stunden verlassen mußten und nach Rußland verbannt werden sollten. Das war eine Katastrophe, und wie die anderen verlor auch Großvater sein Vermögen. Als er zurückkehrte, konnte er sich von diesem Schlag nicht mehr erholen.

Alles war zerstört oder geplündert worden, nur die Datscha war geblieben. Sie wartete auf ihn unberührt im Schatten der alten Bäume, auf deren dicken Ästen Vögel zwitscherten und Eichhörnchen herumschwirrten. Am Eingang eines Fischerdorfes, auf einem Abhang an der Memel gelegen, war sie die Quelle meiner schönsten Kinderfreuden. Aus Baumstämmen gebaut, mit einer Veranda, die sich längs des Hauses zog, gab es von dort eine herrliche Aussicht auf die Memel, diesen majestätisch ruhig dahinfließenden Strom.

Vor dem Haus auf dem Rasen stehen Kirschbäume mit schwer herabhängenden dunkelroten Kirschen. Dahinter erstreckt sich eine breite Wiese, auf der üppige Sträucher und Blumen in den verschiedensten Farben gedeihen. Dazwischen schwärmen mit Gesumm Bienen, Wespen, Maikäfer und zahlreiche andere Insekten. Aber die Krönung sind die herrlichen Schmetterlinge, die in allen Pastellfarben und verschiedensten Mustern in Hülle und Fülle zwischen der Blütenpracht umherschweben. Weiter aufwärts in den Hügeln befinden sich Tannenwälder und Haine von wildwachsenden Nußbäumen und Sträuchern, zwischen denen haufenweise Erdbeeren und Blaubeeren zu finden sind.

Auf der Memel ist viel Betrieb. Flöße und Barken lassen sich vom Strom abwärts tragen, Fischer werfen aus Booten ihre Netze aus, von Zeit zu Zeit fahren Passagierdampfer vorbei, die von zwei roten Schaufelrädern angetrieben werden, ein Anblick, den ich unermüdlich genießen kann. Der Tag ist erfüllt mit Baden, Rudern, Schwimmen und Angeln. Ich radle auf Waldpfaden oder wandle in den Hainen, wo ich voller Freude die wunderbare litauische Natur beobachten kann.

Am Abend, bei gedecktem Tisch, bewundert man von der Veranda aus einen herrlichen Sonnenuntergang. Dann werden die großen verzierten Petroleumlampen angezündet, und in dem bezaubernden Licht, das sie ausstrahlen, werden Geschichten erzählt und Eindrücke des vergangenen Tages ausgetauscht.

Das war es also, was für mich auf dem Spiel stand. Konnte man die Datscha überhaupt verkaufen? War es nur Gerede? Meine Bitte an jenem Pessachtisch wurde mir jedenfalls gewährt, und meine Freude hatte kein Ende.

Wie hätte ich ahnen sollen, daß diese wunderschöne Kindheit in der prachtvoller Natur Litauens nur ein kurzes, täuschendes Vorspiel einer schrecklichen Tragödie war, die unerbärmlich auf uns zukam und uns in eine finstere Mördernacht einhüllte, die vier lange, furchtbare Jahre kein Ende nehmen wollte?

Winterspiele

Die Sommerzeiten sind die schönsten und wonnigsten Erinnerungen meiner Kindheit. Aber auch der Winter hatte seine Herrlichkeiten. Der Schnee hüllte die Stadt in ein weißes Gewand, und auf den Fenstern, deren Ritzen mit Watte verstopft wurden, bildeten sich wunderliche Eisblumen. Wir wohnten jetzt in einer Wohnung im zweiten Stock. Schulkameraden besuchten mich, und wir erfanden die verschiedensten Spiele.

Auf der Memel im Sommer 1940. Ganz rechts außen Dita, ganz links Jehuda Zupovitsch, ihr späterer Mann.

Am Ufer der Memel, in der Nähe unserer Datscha. In der Mitte meine Schwester Dita, der kleine Junge bin ich.

Meine Schwester Dita, meine Mutter und ich auf dem Dampfer in Kaunas.

Eines davon war (wenn sich niemand zu Hause befand), bei verdunkelten Fenstern im Stockfinstern Stühle vor sich her zu schieben, um dabei unerwartet gegeneinander zu stoßen. Es war sehr spannend und machte viel Spaß. Eines Tages erzählte mir Vater, daß die Nachbarn im unteren Stock sich über sonderbare Geräusche, die von oben kämen, beklagten. »Ich kann es nicht verstehen, aber sie sagen, daß es sich anhöre, als ob Züge bei uns in der Wohnung herumfahren. Vielleicht weißt du, wovon sie sprechen?« Natürlich tat ich so, als ob ich keine Ahnung hätte, aber der »Zugverkehr« hörte damit auf.

Am liebsten ging ich, wenn das Wetter nicht zu rauh war, nach der Schule Schlittschuhlaufen. Einer dieser Nachmittage steht mir noch heute deutlich vor Augen: Zum Takt des Chansons, das aus den Lautsprechern kommt, sause ich auf der Eisbahn herum. Es ist eines meiner bevorzugten Wintervergnügen, aber das ist nicht der einzige Grund, warum ich hier bin. Heimlich hege ich auch die Hoffnung, daß ich eine Klassenkameradin treffe, in die fast alle Jungen der siebten Klasse »verguckt« sind, um dann, unter dem Vorwand der Zufälligkeit, in ihre Gesellschaft zu gelangen. Und tatsächlich bemerke ich nach kurzer Zeit ihr rosa Käppchen, doch zu meiner Enttäuschung ist schon jemand aus der höheren Klasse bei ihr. Für mich, den Zwölfjährigen, »der noch die Muttermilch auf den Lippen hat«, hat sie nicht viel übrig.

Ira Berman, oder Irka, wie wir sie alle nannten, war ein keckes Mädchen, das sich im Gegensatz zu den anderen wie ein Junge benahm. Sie machte mit uns alle sportlichen Spiele mit und war immer zu lustigen Bubenstreichen aufgelegt.*

Ich komme in etwas gedrückter Stimmung nach Hause und habe keine Lust, die Hausaufgaben für morgen vorzubereiten. Aber das stört mich nicht, denn das Lernen fällt mir leicht, und die Aufgaben werde ich sowieso am nächsten Morgen in der Klasse machen. Das geht so: In der letzten Reihe sitzend, kann ich ungestört in der ersten Stunde, während der Lehrer glaubt, daß ich fleißig seine Worte notiere, die Aufgaben der zweiten Stunde vorbereiten, und so geht das auch in den nachfolgenden Stunden weiter.

Im allgemeinem bekomme ich gute Noten, aber im Notfall lasse ich mein Notenheft von meiner Schwester unterschreiben, die ja selbst noch Schülerin ist und darum viel Verständnis zeigt. Das ist deshalb möglich, weil ich den Lehrern erklärte, daß mein Vater sehr beschäftigt sei und meine Mutter sich weit von zu Hause in einem kleinen Städtchen in der Provinz befinde.

Vilkija – ein »Schtetl« an der Memel

Warum kann Mutter nicht bei uns sein, und was bringt sie nach Vilkija, in das Städtchen an der Memel, wo sie ziemlich weit weg in unbequemen Verhältnissen leben muß?

Die Sache ist so. Nachdem Mutter ein Jahr als Praktikantin gearbeitet hatte und als Zahnärztin zugelassen worden war, wollte sie in Kaunas eine Privatpraxis eröffnen. Doch die litauischen Behörden verlangten, daß sie zuvor fünf Jahre in der Provinz, wo es ständig an Ärzten fehlte, praktizieren sollte. Nur unter dieser Bedingung würde ihr die Genehmigung erteilt. Wie schon erwähnt, waren wir wirtschaftlich in Schwierigkeiten, und Mutter beschloß, nolens volens, diese fünf Jahre in Vilkija, das ungefähr 40 Kilometer von Kaunas entfernt ist, zu praktizieren. Heute kann man diese Strecke in einer halben Stunde mit dem Auto zurücklegen. Aber damals konnten sich nur die ganz reichen Leute ein Privatauto leisten, und auch das half nichts, da es fast nur unbefestigte Wege gab. Zwar verkehrte ein Bus, aber die holperige Fahrt auf den mit einer dünnen Schicht Kieselsteinen bedeckten Wegen, die durch den vielen Regen und den Schneematsch von tiefen Mulden und Pfützen übersät waren, war kein wirkliches Vergnügen. Ich habe es einmal gewagt und es hat mir genügt. Es ähnelte eher einer Fahrt mit einem kleinen Schiff auf hoher See. (Ich war später auf einem dieser Schiffchen, die, mit Überlebenden beladen, sich auf das Mittelmeer wagten, und weiß, wovon ich spreche.)

Der Vorteil von Vilkija war, daß es an der Memel liegt, und so kann man mit dem Dampfer die Strecke zwischen Kaunas und Vilkija in vier bis sechs Stunden zurücklegen, je nachdem, ob es stromabwärts oder stromaufwärts geht. Der Haken ist aber, daß die Memel nur sechs Monate im Jahr befahrbar ist. Vom späten Herbst bis zum Frühling ist sie zugefroren und mit einer dicken Eisschicht bedeckt. Unter diesen Bedingungen ist es kein Wunder, daß Mutter selten nach Hause kam.

**Meine Schulklasse in Juni 1940.
Nur sechs Schüler haben überlebt.**

* Im Ghetto verlor ich sie aus den Augen. Erst später wurde mir bewußt, daß sie, wie man es von ihr erwarten konnte, in der Untergrundbewegung des Ghettos aktiv war. Ihre Aufgabe war, die Jugendgruppen zu den Partisanen in die Wälder zu führen. Bei einem dieser gewagten Ausbrüche geriet sie in einen Hinterhalt und kam um. In ihrem Tod wie in ihrem Leben war sie ein stolzes jüdisches Mädchen. Sie war meine erste und aussichtsloseste Liebe, wie es bei einem Zwölfjährigen vorkommen kann. Aber »Erste Liebe rostet nicht«, sagt das Sprichwort, und diese Zeilen sollen ihr ein Andenken sein.

Ich verbrachte einige Zeit bei meiner Mutter und kannte den Ort und die Menschen, die dort lebten. Es war ein kleines jüdisches »Schtetl« mit armen Handwerkern und kleinen Ladenbesitzern, die den Bauern der umliegenden Dörfer das Nötige für die Landwirtschaft und das Leben feilboten. Sie wohnten in hölzernen Häuschen, die vom Alter hier und da schon etwas versunken und geneigt dastanden, ohne fließendes Wasser und sanitäre Anlagen, und sie verdienten ihren Lebensunterhalt mit Müh und Not. Doch gaben sie sich damit zufrieden, waren froh und dankten Gott, daß sie ihr tägliches Brot verdienen konnten.

Sie unterschieden sich nur wenig von ihren litauischen Nachbarn, nicht in ihrer Bekleidung und nicht in ihrem Aussehen, sie waren nicht fromm, aber hüteten die alten Traditionen. Samstags wurde kein Feuer angezündet und darum auch nicht gekocht. Dafür wurde an diesem Ruhetag der sogenannte Tscholent gegessen. Das ist ein Gericht aus Bohnen und Kartoffeln, und bei den Vermögenderen fand sich auch ein Stück Fleisch darin. Freitags wurde der Topf mit den Zutaten in den verloschenen, aber immer noch heißen Ofen der Bäckerei hineingeschoben, wo das Essen langsam die ganze Nacht hindurch garte. Am nächsten Morgen kamen die Kinder des gesamten Städtchens, und seltsamerweise wußte jedes seinen Topf zu finden.

Trotz der schweren Bedingungen gab es in Vilkija ein ziemlich lebhaftes gesellschaftliches Leben. Es bildete sich sogar eine Theatergruppe, die Vorstellungen gab. Die Jugend verbrachte den Ruhetag in den Wäldern oder ruderte in Booten auf der Memel, traf sich am Abend im Klub einer zionistischen Jugendbewegung, wo man diskutierte und tanzte.

Mutter war eine gute Zahnärztin, hatte eine leichte Hand und verrichtete ihre Arbeit tadellos. Gutsbesitzer und Bauern kamen zu ihr von nah und fern, zu Fuß und zu Pferd, am Tag und auch am späten Abend. Sie kamen mit Zahnschmerzen und manchmal mit geschwollenen Backen. Mutter half allen; ob reich oder arm, keiner verließ die Arztpraxis, ohne daß ihm geholfen worden war. Sie wurde von allen geschätzt, schaffte sich Freundschaften und Verbindungen auch mit vielen Litauern und örtlichen amtlichen Persönlichkeiten. Zusammen mit dem einzigen Arzt, dem Anwalt und dem Apotheker gehörte sie zur Prominenz und war bald sehr angesehen. Doch diese gehobene Stellung und die guten Verbindungen zu den Litauern verleiteten Mutter zu Illusionen, die uns in den ersten Wochen des Krieges fast zum Verhängnis werden sollten.

Meine Mutter in ihrer Arztpraxis in Vilkija.

Auf der Titanic ...

1939 bin ich ein zwölfjähriger Bub, der sich gar nicht bewußt ist, was in der Welt passiert und welch dunkle und bedrohliche Wolken sich am Horizont zusammenziehen. Woher sollte ich es auch wissen? Das Fernsehen ist noch eine ferne Phantasie, das Radio ist eine ziemlich neue Erfindung, der ich fast keine Aufmerksamkeit schenke. Bleiben nur die Zeitungen, aber die lesen nur die Erwachsenen. Ja, und da waren auch noch die jüdischen Flüchtlinge aus Polen, doch sie waren seltsam schweigsam. Es wurde nur hinter vorgehaltener Hand geflüstert über die erschütternden Zustände in den von den Deutschen besetzten Gebieten. Über Demütigung, Verfolgung, die Not und den Hunger. Aber immer, wenn die Eltern unwillig darüber sprachen, konnte ich einen skeptischen Unterton hören; man glaubte, aber wollte es nicht so ganz glauben. Auch Hitlers Drohungen in seinen hitzigen Reden, alle Juden zu vernichten, nahm keiner so richtig ernst. Wer konnte sich so etwas vorstellen, wer konnte dem Glauben schenken?

Die jüdische Bevölkerung in Litauen bewahrte im allgemeinen eine mir im nachhinein unverständliche Ruhe. In Kaunas saßen die Leute wie immer in den Kaffeehäusern und den Sommer verbrachte man weiterhin auf den Datschas an der Memel. Im Rückblick verhielt sich die jüdische Bevölkerung in Litauen wie auf der Titanic. Das Schiff war am Sinken, aber auf den oberen Decks spielten die Kapellen, und die Passagiere tanzten und amüsierten sich. Doch warum waren alle so verhältnismäßig ruhig und gelassen? Woher kam die falsche Sicherheit, daß Litauen von den anstürmenden Wellen verschont bleiben würde?

Die Antwort darauf hat vielleicht mit der geographischen Lage Litauens zu tun, das sich zwischen Deutschland und Rußland befindet. Die Sowjetunion wurde von allen als Gegengewicht zur deutschen Macht betrachtet, und so konnte man glauben, daß die baltischen Staaten, als eine Art Puffer zwischen den beiden Riesen, unantastbar bleiben würden. Das wurde auch durch den Nichtangriffspakt zwischen den beiden Mächten vom 23. August 1939 augenscheinlich bestätigt. Doch es kam bekanntlich anders. Die Russen betrachteten die baltischen Staaten als

Dita an der Memel in Vilkija.

eine für sie lebenswichtige Sicherheitszone, die unter ihrer Kontrolle zu stehen habe, was auch von Deutschland anerkannt wurde.

Und so geschah es, daß am 16. Juni 1940 die Rote Armee in Litauen einmarschierte. »Wahlen« wurden abgehalten, bei denen – nicht überraschend – die Kommunisten 99 Prozent der Stimmen bekamen, und Litauen wurde in die Sowjetunion eingegliedert.

Die Russen kommen

Ich erlebte den Einmarsch der Roten Armee, während ich in Vilkija weilte. Die Panzer, die in einem unaufhörlichen Zug durch Kaunas rollten und in Wirklichkeit nur eine kleine Einheit waren, die immer im Kreis herumfuhr und so den Eindruck eines großen Verbandes vortäuschte, kamen nicht bis Vilkija. Was durch die einzige größere Straße des Städtchens marschierte, war eine kleine, mit Staub bedeckte Infanterieeinheit. Der Offizier war hoch zu Roß, und die Soldaten paradierten in strammen Viererreihen. Alles verlief glatt, bis der Marsch am Fensterladen der Bäckerei vorbeikam. Plötzlich ertönte aus den Reihen ein lauter, mit Überraschung erfüllter Ruf: »Bulotschki!« (Semmeln!), und aus war es mit der Parade und den strammen Reihen. Die ganze Einheit stürmte in einem hastigen Durcheinander in die Bäckerei. Die Soldaten griffen nach den heißen Semmeln und zahlten jeden verlangten Preis. Ich stand staunend am Wegrand und verstand nicht, warum etwas so Gewöhnliches wie Semmeln solche Erregung und solch ein Durcheinander bewirkte. Wäre ich älter gewesen, hätte ich mir sicher mehr Gedanken über die vermeintliche Stärke der Sowjetunion gemacht.

Mit dem Einmarsch der Russen kam es zu großen Veränderungen im allgemeinen wie im privaten Leben. Kovno (so der russische Name für Kaunas) füllte sich mit russischen Offiziersfamilien. Wohnungen wurden konfisziert, und wir mußten uns zusammendrängen, um noch eine weitere Familie aufzunehmen. Die jüdischen und hebräischen Schulen wurden geschlossen, und wir lernten in einer russischen Schule zusammen mit den russischen Offizierskindern, wenn auch in gesonderten Klassen. Auch die Begegnungen mit ihnen auf dem Schulhof waren etwas eigenartig. Die russischen Kinder staunten bei jeder Kleinigkeit und verhielten sich sehr zurückhaltend. Auf alle unsere Fragen, habt ihr dieses oder jenes, gaben sie nur eine Antwort: »Wir haben alles.« Darüber verbreiteten sich sogleich Witze, etwa, daß auf die Frage: »Und Sorgen habt ihr auch?« sofort mit »Wir haben alles« geantwortet wird. Äußerte man irgendwelche Zweifel daran, so fügten sie noch hinzu: »Doch, doch, das haben wir in Hülle und Fülle.«

Aber nicht alle waren in der Stimmung für Witze. Die Fabriken, Mietshäuser und Geschäfte wurden »nationalisiert«, das heißt einfach weggenommen. Zwar ließen die Russen die Inhaber dieser Unternehmen wegen ihrer Erfahrung als Verwalter weiterhin dort arbeiten, aber das war nur vorübergehend. Von diesen Maßnahmen waren viele jüdische Inhaber betroffen, darunter auch Großvater Zemach, dessen Haus und Geschäft »nationalisiert« wurden.

Für mich war die gute Nachricht, daß die Datschas als Privateigentum anerkannt wurden und wir im Sommer dort die Ferien verbringen konnten. Ich konnte es nicht wissen, aber es war das letzte Mal in meinem Leben, daß ich auf meiner so geliebten Datscha weilte.

Einstweilen war alles augenscheinlich ruhig und friedlich, und nichts deutete hin auf das, was im Anzug war. Die Litauer, die ihre 30jährige Unabhängigkeit wieder verloren hatten, waren sehr betroffen, zeigten aber äußerlich keine Zeichen des Widerstands. Gleich zu Beginn des Krieges wurde jedoch klar, daß sie sich im Untergrund, vom deutschen Geheimdienst organisiert und mit Waffen versorgt, auf die bevorstehende Invasion vorbereiteten. In eitler Hoffnung glaubten sie, daß Deutschland ihnen als Gegenleistung die Unabhängigkeit gewähren würde. Dabei wurden ihnen selbstverständlich auch die nazistischen Lehren und das Gift des Judenhasses eingeflößt. Die Hetze bekam jetzt eine neue Wendung.

Der Jude war nun nicht mehr der ausbeutende Kapitalist. Jetzt war er der Bolschewik, der den Kommunismus brachte, die Litauer unterdrückte und so vermeintlich auch die Schuld daran trug, daß die Litauer ihre Unabhängigkeit eingebüßt hatten. Diese Propaganda schürte das Feuer des Judenhasses ungeheuerlich, der ohnehin bereits in allen Schichten der litauischen Bevölkerung vorhanden war.

Die ahnungslose jüdische Bevölkerung fühlte sich dagegen angesichts der vermeintlichen Stärke und Macht der Sowjetunion vor der nazistischen Gefahr geschützt und somit sicherer als früher. Emigration ins Ausland war schon nicht mehr möglich, wir waren jetzt sowjetische Bürger und als solche ohne Auswanderungsrecht. Nur die jüdischen Flüchtlinge aus Polen konnten noch emigrieren, vorausgesetzt, daß sie ein ausländisches Visum vorweisen konnten, was schwer zu bekommen war. Wir wissen heute, daß die Welt sich damals vor den jüdischen Flüchtlingen verschloß; nur wenigen Glücklichen gelang damals die Ausreise.

An einem prächtigen Frühlingsmorgen

Der Herbst und der Winter kamen. Alles war wie immer, ich ging wieder in die Schule und zum Schlittschuhlaufen, traf mich und spielte mit meinen Schulkameraden. Die einzige Veränderung war, daß Dita ihren Freund, einen jungen Bauingenieur, heiratete.

Jehuda Zupovitsch, ein strammer Bursche, von allen Judke genannt, war ein freundlicher und energischer junger Mann. Er war zudem sehr begabt, beherrschte viele Sprachen, darunter auch tadellos Litauisch, und absolvierte die litauische Offiziersschule, was für einen Juden in Litauen ein fast unmögliches Unternehmen war. Judke war auch ein überzeugter »Beitarist« (Rechtszionistische Jugendbewegung) und beherrschte die hebräische Sprache. Ein bestimmtes hebräisches Lied, das er besonders liebte, pflegte er ständig zu singen. Der letzte Vers dieses Liedes – »Das ist das Lied, das ist es und kein anderes gibt es nicht, es gibt kein anderes für immer« – bekam später eine tragische Bedeutung.

Der Frühling 1941 begann wie immer, das Wetter war schön, und wir freuten uns auf die bevorstehenden Sommerferien. Doch dann zeigte der rote Terror seine Krallen. Eines Tages, als ich durch die Straßen von Kaunas schlenderte, bemerkte ich eine ungewöhnliche Bewegung einer bis dahin ungekannten Zahl russischer Lastwagen. In kurzer Zeit verbreitete sich die alarmierende Nachricht, daß eine Deportation von angeblich »unzuverlässigen Elementen« im Gange sei. Nach Listen, die von den kommunistischen Behörden vorbereitet worden waren, wurden Menschen in ihren Wohnungen verhaftet und anschließend sofort in die vorbereiteten Züge gebracht und deportiert. Es waren meistens reichere Leute, die als potentielle Feinde des kommunistischen Regimes betrachtet wurden. Unter ihnen befanden sich auch Vaters Schwester, Tante Rachil, und ihr Mann. Unglücklicherweise befanden sich ihre Kinder gerade mit der Betreuerin im Dorf. Das entschied über ihr Schicksal. Als sie heimkamen, versuchte man noch, sie zu ihren Eltern zu bringen, doch das gelang nicht. Während Tante Rachil und ihr Mann nach Sibirien verbannt wurden und überlebten, kamen die Kinder auf tragische Weise um. Rafael, der Junge, in der »Kinder-Aktion« und Liubotschka im Todesmarsch vom KZ Stutthof.

Ich hatte eine glückliche Kindheit in der reichen Natur Litauens. Fröhlich hüpfte ich über die Wasserpfützen und rutschte die zugefrorenen Wege entlang. Sorglos planschte ich in der Memel und lief freudig den Schmetterlingen nach. Ich hatte gute Eltern, liebe Großväter, Tanten und Onkel. Ich war jung, gesund und begabt, voll großer Erwartungen und blickte mit viel Hoffnung und Freude der Zukunft entgegen. An einem prächtigen Frühlingsmorgen verging alles wie Morgendunst und war plötzlich nicht mehr als nur ein ferner Traum, den ich einst vor einer Ewigkeit geträumt hatte.

Wenn ich heute mit Wehmut daran denke, klingen in meinen Ohren die unsterblichen Verse Heinrich Heines:

Ach! jenes Land der Wonne,
Das seh ich oft im Traum;
Doch kommt die Morgensonne,
Zerfließt's wie eitel Schaum.

Der Anfang des Schreckens

Schüsse hallen von allen Seiten. Aufgeschreckte, gesattelte Pferde ohne Reiter galoppieren durch die Straßen der Stadt. Erschrockene Rotarmisten, auf die die Litauer von allen Fenstern und Dächern schießen, laufen gebückt die Häuserwände entlang.

Beklommenen Herzens spähe ich aus Großvater Zemachs Haus hinter den Gardinen auf die Straße. In meiner kindlichen Naivität glaubte ich an die schönen Reden und an den Mythos von der unbesiegbaren Roten Armee, die alle bösen Kräfte zerschmettern kann. Dieser kindliche Glaube liegt jetzt in Scherben. Ich bin tief betroffen und bedauere so sehr die Niederlage, daß ich gar nicht über mein eigenes Schicksal nachdenke. Daß ich selbst in größter Gefahr schwebe und daß man mir nach dem Leben trachtet, verstehe ich, wie viele andere, noch nicht. Das wird aber nicht lange dauern.

Alles begann vor zwei Tagen. Mutter, die auch weiterhin in Vilkija ihre Praxis führte, war über das Wochenende zu Hause. Die Morgenröte eines heiteren Frühlingstags färbte den Himmel, und ich träumte sicher von den bevorstehenden Ferien auf der Datscha, als Dita mich aus meinem Schlaf rüttelte: »Steh auf und zieh dich schnell an. Es ist Krieg! Soeben hat mich meine litauische Klassenkameradin angerufen, die in Aleksotas nicht weit vom Flugplatz wohnt. Heute ganz früh morgens ist der Flugplatz bombardiert worden.« Das nächste, an das ich mich erinnere, ist, daß wir uns mit besorgten Gesichtern bei Großvater Zemach, der eine Straße weiter wohnte, versammelten.

Großvater war ein Mensch der großen Welt, der viel gereist war und viel gesehen hatte. Er hatte seine Söhne, die einige Zeit in Berlin studierten, besucht und unterhielt geschäftliche Beziehungen mit deutschen Firmen. Alle schätzten seine Erfahrung und wollten seine Ansicht über die Lage hören. Seine für uns damals so schicksalsvollen Worte, die heute so ironisch klingen, sitzen tief in meinem Gedächtnis: »Ihr braucht vor den Deutschen keine Angst zu haben, ich kenne sie noch vom Ersten Weltkrieg her, sie sind ein höchst kulturelles und zivilisiertes Volk.« Jemand fragte etwas skeptisch: »Aber was wird passieren?« Großvater erregte sich: »Nichts wird passieren, Ordnung wird sein! Ich werde mein Haus zurückbekommen. Ja, wir werden arbeiten müssen, aber das stört mich nicht, ich habe mein ganzes Leben lang gearbeitet.« Er war Feinmechaniker, auf Schreibmaschinen spezialisiert, und sehr stolz darauf.

Kaum hatten uns Großvaters Worte ein wenig beruhigt, erreichte uns Onkel Iluschas Anruf. Als sowjetischer Beamter wurde er von der Arbeit aus zum Bahnhof gebracht, wo ein Zug zur Evakuierung bereitstand. Er hatte noch Gelegenheit, uns zu warnen: »Laßt alles stehen und lauft zur Bahn, ihr habt noch Zeit.« Mehr wollte oder konnte er nicht sagen. Daraus war auch zu verstehen, daß die Lage an der Front schlecht oder sogar katastrophal war. Es waren kritische Stunden, aber leider waren meine Eltern darauf nicht vorbereitet und befolgten seinen Rat nicht.

Wie viele andere waren wir vom Ausbruch des Krieges gänzlich überrascht. Die Möglichkeit einer Invasion wurde überhaupt nicht in Betracht gezogen, und die neue Lage erfaßte uns gedanklich und praktisch vollkommen unvorbereitet. So alles stehenlassen und zur Bahn laufen, in leichter Kleidung, in ein fremdes und kaltes Land, ohne Mittel – das war schwer vorstellbar. Hätten wir nur einen Schimmer davon gehabt, was uns erwartete, so wären wir sicher auch barfuß zur Bahn gelaufen.

Ich glaube heute, daß vieles, was sich in diesen schicksalsvollen Stunden zwischen meinen Eltern abspielte, vor mir irgendwie verborgen geblieben ist, aber ich kann mir vorstellen, was sich ereignete.

Vater, der das Schlimmste ahnte, war von Panik ergriffen und vermutlich zur augenblicklichen Flucht bereit, Mutter war sicher dagegen. Seine Verzweiflung, die entsetzlichen Gedanken an das Bevorstehende, seine bedrückenden Schuldgefühle, daß er trotz seiner Vorahnungen nicht entschlossen genug handelte, und seine Ohnmacht versetzten ihn in einen Zustand, der ihm den Verstand raubte. Dita erzählte mir, daß er auf der Straße stand und irgend etwas Verworrenes zu ihr sagte. Es ist uns bis heute unverständlich, was danach geschah, aber es war auch das letzte Mal, daß wir oder jemand anders ihn gesehen haben. Vergeblich warteten wir auf seine Rückkehr.

Vater verschwand fast unbemerkt aus unserem Leben. Die kommenden, sich überschlagenden Ereignisse, die Lebensgefahr, in der wir so plötzlich schwebten, und der unaufhörliche Kampf ums Überleben, in dessen Wirbelstrom wir sofort hineingezogen wurden, verdrängten vollständig alle anderen Gedanken und Gefühle.

Die Tatsache, daß die zersprengten Abteilungen der Roten Armee die Stadt fluchtartig verließen, löste bei der jüdischen Bevölkerung Panik aus; und viele folgten den Soldaten und ergriffen die Flucht. Auch Dita und ihr Mann schlossen sich dem Richtung Osten flüchtenden Strom an. Die Flüchtenden glaubten, daß sie noch genug Zeit hatten. Keiner von ihnen vermutete, daß es sich nur um einige Tage oder gar um Stunden handelte, bis sie von den vorwärtsstürmenden deutschen Einheiten überholt wurden. Den meisten gelang es nicht zu entkommen, sie mußten umkehren, und viele wurden Opfer der mit den Deutschen kollaborierenden litauischen bewaffneten Abteilungen, den sogenannten »Partisanen«.*

Kaum haben die Sowjets Kaunas verlassen, verbreitet sich auch schon die schauerliche Nachricht über das Pogrom und das schreckliche Blutbad, das in dem jüdischen Armenviertel Slobodka wütet. In verschiedenen anderen Teilen der Stadt werden Juden auf der Straße aufgegriffen und in unbeschreiblich grausamer Weise umgebracht (wie z.-B. in der »Lietukis«-Garage, wo einigen der Opfer mit Schläuchen Wasser in den Leib gepumpt wurde). Tausende andere werden aus ihren Wohnungen gezerrt und auf das Fort VII. getrieben, eine der russischen Festungen aus dem Ersten Weltkrieg, die als Mordstätte auserwählt wurde.

Mutter und ich sind derweil in unsere Wohnung in der Oz'eschkienes-Straße, die sich in einem neuen Stadtviertel befindet, zurückgekehrt. In den Abendstunden ist plötzlich ein lauter Knall auf der hinter dem Haus gelegenen Landstraße zu hören. Nach kurzer Zeit ertönt heftiges Klopfen an der Hintertür. Als ich öffne, starre ich geradeaus in die Läufe von zwei Gewehren ...

Erschrocken und ohne dazu aufgefordert zu werden, hebe ich meine Hände langsam hoch. Zwei litauische uniformierte junge Burschen, offenbar Gymnasiasten oder Studenten, finden die Situation etwas lächerlich, ich soll doch meine Hände unten lassen. Sie behaupten, daß aus dieser Wohnung auf sie geschossen wurde, was natürlich nur ein durchsichtiger Vorwand ist. Mit stockendem Atem erkläre ich ihnen, in geläufiger litauischer Sprache, mit einem Akzent, den ich mir durch meinen Kontakt mit den Dorfjungen in den Sommerferien angeeignet habe, daß so etwas nicht möglich sei, da außer mir und meiner Mutter sich hier zur Zeit keiner befinde.

Mein echtes Litauisch hat eine seltsame Wirkung. Ob ich überhaupt Jude sei, wollen sie wissen und »durchsuchen« die Zimmer. Ich führe sie direkt in Ditas Zimmer und beeile mich zu erklären, daß hier ein litauischer Offizier wohnt, der im Moment nicht zu Hause sei. Sie schauen mich schief an, aber, da bitte, am Schreibtisch steht Judkes Photo in voller Uniform und Offiziersmütze! Jetzt sehen sie sich gegenseitig verwirrt an, das Ganze stimmt nicht mit ihren Vorstellungen über die Juden überein. Verlegen verlassen sie ohne weiteres die Wohnung. Doch in einer der nächsten Nächte donnert es wieder an der Eingangstür. Die litauische Dienstfrau, die bei uns übernachtet, öffnet die Tür und führt mit den bewaffneten Litauern ein lautes und erregtes Gespräch. Nach längerem Hin und Her verlassen sie unsere Wohnung, aber wir hören, wie die Männer in der Nachbarschaft weggebracht werden. Nach einer gewissen Zeit kehren sie bleich und erschrocken, aber unversehrt zurück. Ihren aufgeregten Worten nach ist es ein Wunder, daß sie am Leben sind! Doch was ereignete sich?

Sie wurden von den litauischen »Partisanen« zum Fluß geführt und ahnten, was sie dort erwartete. Zum Glück stießen sie plötzlich auf eine vorbeikommende Kolonne deutscher Soldaten, die wissen wollten, was das alles zu bedeuten habe. Die litauischen »Partisanen« bekamen kalte Füße, ließen sie stehen und machten sich aus dem Staub.

Nicht alle aber hatten soviel Glück. Etwas später erfahre ich, daß man auf diese Weise einige tausend jüdische Männer auf das Fort-VII. verschleppte, wo sie alle mißhandelt und umgebracht wurden. Unter ihnen waren auch jüdische Mädchen, die von den berüchtigten »Partisanen« noch vergewaltigt wurden, bevor man sie erschoß. Auch Tante Emmas Mann und Sohn und viele der heimkehrenden Flüchtlinge befanden sich unter diesen Opfern.

Dita und Judke gelang es, unversehrt zurückzukommen. Sie erreichten zwar Jonawa, Judkes Geburtsort, wurden aber von den deutschen Truppen eingeholt und waren darum gezwungen zurückzukehren. Umsichtigerweise gingen sie nicht auf der Landstraße, sondern am Ufer des Flusses Neris entlang, der bei Kaunas in die Memel mündet. Unterwegs trafen sie keine lebende Seele, ließen ihre Rucksäcke, die sie als Flüchtlinge kenntlich machten, zurück und gelangten so in der anfallenden Dunkelheit unbehelligt nach Hause zurück.

Der längste Tag meines Lebens

In den kommenden Tagen, Anfang Juli, glaubten wir eine Entspannung der Lage zu spüren. Die »Hausdurchsuchungen« hörten auf, und einige tausend Frauen, die sich noch auf den berüchtigten Forts befanden, wurden freigelassen. Wir dachten, daß die bis jetzt wütenden Ausschreitungen in Kaunas ausschließlich von den Litauern auf eigene Faust inszeniert worden waren, und vermuteten, daß nun die Zeit der so lange erwarteten »Ordnung« gekommen war, die Großvater

---

* Mitglieder der litauischen pro-deutschen Miliz, in der Volkssprache »Partisanen« genannt. Die Anführungszeichen dienen dazu, um sie von den roten Partisanen in den Wäldern zu unterscheiden.

Zemach bei Ausbruch des Krieges prophezeit hatte. Die Illusion der augenscheinlich »geänderten« Lage brachte Mutter auf folgenden Plan: Vater ist verschwunden, und sie ist jetzt die einzige Stütze der Familie. In Vilkija, wo sich ihre Praxis befindet, kann sie am besten ihren Beruf ausüben, auch wird sie dort von den Litauern geachtet, und schließlich werden wir auf dem Lande keinen Hunger leiden müssen. Hier in Kaunas ist die Versorgungslage schlecht, und es gehen Gerüchte um, daß ein Ghetto eingerichtet werden soll. Alles spricht also dafür, daß wir am besten in Vilkija aufgehoben sind und etwas unternehmen sollten, um dorthin zu gelangen.

Daß in Wirklichkeit das Unglaubliche und Undenkbare geschieht, daß in der Provinz unter Führung der Einsatzgruppen und Sonderkommandos die Vernichtung der gesamten jüdischen Bevölkerung schon in vollem Gange ist – davon haben wir nicht die leiseste Ahnung.

Mutter ist plötzlich sehr energisch. Sie beschließt, daß sie mit mir nach Vilkija fahren wird, um die dortige Lage zu erkunden. Dita, die ein selbstsicheres Auftreten hat und immer den Männern imponierte, geht schnurstracks zur deutschen Kommandantur und kommt ohne weiteres mit einem Papier zurück, in dem ungefähr folgendes bescheinigt wird: »Die Frau Zahnärztin reist mit ihrem Sohn nach Vilkija, um dort ihrer Arbeit nachzugehen, und alle zuständigen Behörden sind gebeten, ihr dabei behilflich zu sein.« Das Ganze ist mit der Feder und noch dazu in gotischer Schrift geschrieben, aber was am wichtigsten ist: Unten auf dem Bogen prangt in voller Pracht ein Stempel mit einem sehr eindrucksvollen Adler.

Ich weiß nicht, wie, aber sogleich wird ein Bauer mit einem Fuhrwerk gefunden, der gegen eine beträchtliche Bezahlung bereit ist, uns nach Vilkija zu bringen. Und so, mit diesem Papier ausgerüstet, das uns vor allen Gefahren beschützen soll, fahren wir am frühen Morgen los ... geradewegs in die Hände der lauernden Häscher.

***

Der Weg nach Vilkija führt über die Brücke über den Fluß Neris, vorbei an Slobodka, wo vor kurzer Zeit das schreckliche Pogrom wütete. Schon dort werden wir von einem litauischen »Partisanen« angehalten und von dem Fuhrwerk heruntergeholt. Er hat ein blödes Gesicht und sieht aus wie jemand, der überhaupt niemals lesen gelernt hat. Mutter hält ihm die Bescheinigung vor, auf die er überhaupt nicht achtet. »Die Frau kann weiterfahren, aber der Junge kommt mit mir unter die Brücke!« Ich ahne, was mit diesem »unter die Brücke« gemeint ist, aber noch bevor die Angst in mir emporsteigt und völlig von mir Besitz ergreift, kommt uns ein litauischer Offizier entgegen, der aller Wahrscheinlichkeit nach sein Vorgesetzter ist. Er will wissen, was da los sei. Der »Partisan« reicht ihm die Bescheinigung, und er schaut das Papier an. Aus meinen Augenwinkeln bemerke ich den Adler auf dem Schreiben – er hält es verkehrt herum. Nach kurzer Überlegung, in der mein Leben an einem dünnen Faden hängt, fällt das Urteil: »Laß sie gehen!«

War er ein anständiger Mensch, war er des Mordens überdrüssig, oder war es der Adler, der ihn beeindruckte? Wie auch immer, es war unser erstes Glück auf dem noch langen Weg nach Vilkija.

Unser Kutscher ist derweil bis zum Ende der Brücke vorgefahren, wo er das Ereignis aus sicherem Abstand gespannt beobachtet hat. Als er uns kommen sieht, breitet sich auf seinem Gesicht ein freudiges Lächeln aus. Soeben hatte er schon seinen Lohn verloren geglaubt und ihn nun wiedergefunden. Jetzt ist er überzeugt, daß diese Bescheinigung, mit der wir ausgestattet sind, wirklich etwas sehr Wichtiges und Wirksames ist. So setzt er guten Mutes den Weg fort, bis wir uns der nächsten Brücke über die Neviasze, einen kleinen Nebenfluß der Memel, nähern ...

Wie es bei den Kutschern Brauch ist, hält er den Wagen bei der oben über dem Tal liegenden Kneipe an, wo er »nur ein Bier« trinken geht. Nur wenige Minuten verstreichen, und er stürzt aus der Kneipe, mit einem kreideweißen Gesicht, als ob der Teufel selbst ihm auf den Fersen wäre. Eben hat man ihm erzählt, daß auf der nächsten Brücke »Partisanen« die Vorbeifahrenden anhalten und jeder, der Juden mit sich führt, sogleich mit diesen zusammen erschossen wird! »Ich will nichts von eurem Geld, macht nur schnell, daß ihr runterkommt!« Kaum sind wir unten, so peitscht er schon eilig die Pferde, und weg war er.

Bis zu diesem Moment war ich der kleine Junge, den man gar nicht fragt und der, ohne nachzudenken, tut, was die Älteren beschlossen haben. Jetzt aber, da wir verloren und erschrocken dastehen, fragt mich Mutter nach meiner Meinung: Sollen wir zurück oder doch weitergehen? Ich soll jetzt entscheiden über eine Frage, von der nicht weniger als unser Leben abhängt!

Es sind die unmittelbare Lebensgefahr und die scheinbar aussichtslose Lage, die mir Mut und Zuversicht einflößen und mich keinen Augenblick zaudern lassen. Ich denke schnell nach. Vor allem habe ich keine Lust, wieder dorthin zurückzugehen, wo man mich »unter die Brücke« bringen wollte. Darum, und nachdem ich in Richtung der einige hundert Meter entfernten Brücke spähe, wo ich niemanden bemerken kann, schlage ich vor, daß wir unsere Schuhe ausziehen, sie mit zusammengebundenen Schnürsenkeln über die Schultern hängen lassen, wie es bei den Bauern hierzulande Brauch ist, und barfuß weiterlaufen.

Mutter hat ein Kopftuch, wie es die Bäuerinnen tragen, ich krempele noch etwas die Hosen auf, und wir gehen, ruhigen Schrittes, aber klopfenden Herzens, Richtung Brücke. Auf der Brücke befindet sich niemand, aber unter ihr baden Männer, die vermutlich die berüchtigten »Partisanen« sind, aber uns keines Blickes würdigen. Ohne uns zu beeilen, schreiten wir über die Brücke und den Abhang hinauf, bis wir endlich im nächsten Wäldchen untertauchen. Zum zweiten mal lächelte uns das Glück auf dem Weg nach Vilkija ...

Doch was nun? Vilkija ist noch weit entfernt. Ohne zu wissen, wie es weitergehen soll, setzen wir uns niedergeschlagen auf einen gefällten Baumstamm. Als ich aufschaue, steht unweit von uns, wie in einem Märchen »aus der Erde gewachsen«, ein anderes Fuhrwerk, und ein Mann oben drauf beobachtet uns neugierig. Mutter fragt ihn, ob er bereit sei, uns nach Vilkija zu fahren, und als er die angebotene Belohnung hört, springt er fast auf vor Freude. Gott sei Dank hatte er zuvor offenbar auch nicht angehalten, um »nur ein Bier« zu trinken. Wieder und zum dritten Mal begegnet uns das Glück auf dem Weg nach Vilkija ...

Nach einigen ängstlich gespannten Stunden haben wir endlich unser Reiseziel, die deutsche Militärkommandantur in Vilkija, oben am Berge über dem Memeltal, erreicht. Der Stadtkommandant lächelt uns an. Vor Zahnärzten, sagt er, habe er Angst, aber sie seien unentbehrlich. Der wachhabende Soldat wird hereingerufen und bekommt den Befehl, uns zu begleiten und behilflich zu sein, die vermutlich geplünderte Praxis wieder instand zu setzen.

***

Da oben sieht alles sehr friedlich aus, und es scheint, als ob auch hier »Ordnung« herrscht. Erleichtert verlassen wir die Kommandantur und gehen mit unserem Begleiter die Straße, die bergab zu den Häusern führt, hinunter. Es dauert nicht lange, und das bedrückende Angstgefühl, das sich unser an diesem Tage bemächtigte, ergreift uns wieder. Das ist nicht mehr das uns so vertraute Städtchen. Die Türen und Fensterläden der Häuser sind geschlossen, und keine lebende Seele ist zu sehen. Der Ort sieht wie verlassen aus, aber als wir das erste Häuschen erreichen, dringen aus den geschlossenen Fensterläden erschaudernd klagende Stimmen, ein Weinen und Schluchzen. Dasselbe wiederholt sich an allen weiteren Häusern. Ein ganzes Städtchen klagt und jammert!

Mit jedem Schritt steigern sich in uns die Angst, der Schrecken und die Erkenntnis: Etwas Grauenhaftes geschieht in Vilkija, und wir sind mitten hineingeraten ...

Jetzt sind wir unten, an der Straße längsaus dem Memeltal, angelangt. Der vor uns schweren Trittes schreitende und vor sich hin brütende ältere Wehrmachtssoldat hat angehalten. Er dreht sich um und schaut uns eine Weile nachdenklich an. An ihm hängen jetzt unsere mit Entsetzen erfüllten Blicke. »Nichts, mit dieser Zahnärzterei!«, sagt er plötzlich in stiller Entschlossenheit. »Ich bringe euch jetzt an die Memel und, wenn ein Dampfer kommt, versuche ich euch zurück in die Hauptstadt zu schicken.« Und dann fügt er noch vier Worte hinzu: »Gott steh' uns bei!« An diesem merkwürdigen Tag war uns das Glück unablässig hold!

Doch noch sind wir nicht in Sicherheit. Angesichts des »Gott steh' uns bei« wird uns nun endgültig klar, daß wir in größter Gefahr schweben. Irdische Hilfe genügt hier nicht mehr, wir sind buchstäblich auf Gottes Gnade angewiesen. Abgesehen von allen auf uns lauernden Gefahren schon einfach deshalb, weil es zu dieser Zeit keinen regulären Dampferverkehr mehr auf der Memel gibt. Nur noch Schiffe, die dem Kriegseinsatz dienen, fahren von Zeit zu Zeit vorbei, und ein Wunder muß geschehen, daß so eines gerade jetzt vorbeikommt! Vorsichtshalber beschließt unser Begleiter, zunächst allein zur Brücke zu gehen, um nachzuschauen, wer dort Wache hält.

Einstweilen führt er uns zu einem der Häuschen, die am Uferhang stehen. Die dort allein wohnende ältere Frau Tamsche ist eine gute Bekannte von Mutter, und beide unterhalten sich im Flüsterton. In großer Unruhe steige ich auf den Dachboden, um nach unserem Beschützer Ausschau zu halten, ohne den ich mich gänzlich verlassen und unsicher fühle. Vom Fenster aus kann ich den ganzen Abhang bis zur Pontonbrücke, die über den Fluß gezogen ist, überblicken. Kaum habe ich hinausgeschaut, da sehe ich ihn auch schon. In verzweifelter Eile steigt er den Abhang in seinen schweren Stiefeln wieder hinauf. Noch ein Blick und ich erspähe an der nächsten Flußbiegung den rauchenden Schornstein eines Dampfers – unsere letzte Hoffnung mit unvorstellbarer Pünktlichkeit! Das Wunder geschieht, und es ist unser fünftes unglaubliches Glück am selben Tag.

Ich lehne mich aus dem Fenster und winke. Er bemerkt mich, macht mit der Hand eine Bewegung, die »Los, schnell, lauft, was ihr könnt« bedeutet, und kehrt zur Brücke um. Noch eine Sekunde und ich stürze mit Mutter durch die Hintertür hinaus. Wir laufen, stolpern und rutschen den Abhang zur Memel hinunter. Als wir, außer Atem, an der Brücke angelangt sind, ist der Dampfer schon ganz nahe. Unser Beschützer eilt uns voraus, der wachhaltende Korporal kommt ihm entgegen, und sie grüßen einander. »Der Kommandant hat befohlen, die Frau mit ihrem Sohn zurück in die Hauptstadt Kaunas zu schicken!« Das sichere Auftreten läßt keinen Raum für Zweifel, auch ist keine Zeit mehr dafür. »Jawohl!« Der Korporal hebt die Hand, ein Zeichen an den Dampfer, daß er anzuhalten habe, und das Schiff nähert sich langsam der Anlegebrücke.

Es sind kritische Sekunden, weil das Ganze nur einem kühnen, auf eigene Faust handelnden Wehrmachtssoldaten zu verdanken ist und jeden Moment etwas dazwischenkommen kann. Ein Gemisch von fiebernder Erwartung und beklemmender Angst beherrscht alle meine Sinne, ich will auf den Dampfer und nichts wie weg von diesem fürchterlichen Ort.

In diesem Zustand dringen die leisen Worte meines Beschützers, der dicht neben mir steht, durch den ohrenbetäubenden Lärm der Schaufelräder: »Wie alt bist du, Junge?« Wie alt bin ich ... Was weiß ich jetzt, wie alt ich bin ... Was ist heute eigentlich für ein Tag? ... Was war gestern? ... Vorgestern? ... und mit einem Mal leuchtet es mir überraschend ein: Heute ist der 10. Juli, mein Geburtstag. »Heute werde ich 14«, kommt es mir über die Lippen, und unmittelbar darauf höre ich den sonderbarsten Geburtstagswunsch meines Lebens: »Dann wünsche ich Ihnen, daß Sie auch 15 werden.« Auf dieser Brücke klang es so selbstverständlich ...

Der Dampfer hat angelegt! Ohne mich umzuschauen und nur die geringste Zeit zu verlieren, klettere ich mit Mutter über die Reling. Dabei rutscht Mutters Rock hoch, und die Soldateska, die sich auf dem Vorderdeck halbnackt sonnt, johlt und pfeift. Kaum sind wir drüben, wird der Dampfer abgestoßen, und die Schaufelräder beginnen sich zu drehen, zuerst langsam, dann immer schneller und schneller. Der rhythmische, mir so vertraute Räderaufschlag auf dem Wasser klingt wie eine herrliche Melodie, und mit jedem Takt entferne ich mich von dem mit Schrecken erfüllten unglücklichen Städtchen und nähere mich meinem 15. Geburtstag.

Wir winken, und die auf der Landungsbrücke stehende Gestalt unseres unbekannten Retters wird immer kleiner, bis alles aus unserem Blick verschwindet.

Das Schiff stampft mit vollem Dampf den in der Nachmittagssonne glitzernden Fluß hinauf. Zu beiden Seiten ziehen die malerischen Ufer der Memel an uns vorbei. Das erste Mal an diesem langen Tag läßt die beklemmende Spannung nach, und ein wonniges Gefühl erfüllt unsere Herzen. Nach einer Stunde kommt auch unsere Datscha zum Vorschein. Mit einem langen sehnsüchtigen Blick verfolge ich das vorbeigleitende herrliche Sommerhaus, wo ich die schönste Zeit meiner Kindheit verbracht habe, bis es gänzlich aus meinem Blickwinkel verschwindet. Noch ein Moment des Schreckens war mir beschert, als ein Soldat, der wahrscheinlich der Koch war, uns fragte, wer wir denn eigentlich seien, und Mutter einfach zugab, daß wir Juden sind. Aber der Mann sagte nur: »Das habe ich mir so gedacht«, und bewirtete uns mit einem belegten Brot und ganz süßem Tee, und erst jetzt, da ich es aufschreibe, fällt mir ein, daß es das einzige war, was wir an diesem unendlichen Tag zu essen bekamen.

In Kaunas angekommen, verlassen wir unbehelligt den Dampfer, und eine Droschke bringt uns zurück nach Hause. Der längste Tag meines Lebens ist zu Ende, und plötzlich stellt sich eine große Müdigkeit ein. Ich lege mich ins Bett, und vor dem Einschlafen dringen Ditas Worte an mein Ohr: »Heute wurde öffentlich die Einrichtung des Ghettos verkündet.«

Früher Epilog und später Dank

Auszug aus Karl Jägers Exekutionsbericht vom 1. Dezember 1941:

Der Befehlshaber der Sicherheitspolizei und des SD Kauen,
am 1. Dezember 1941
Einsatzkommando 3
Geheime Reichssache!
5 Ausfertigungen!
4. Ausfertigung

Gesamtaufstellung der im Bereich des EK.3 bis zum 1. Dez. 1941 durchgeführten Exekutionen

Übernahme der sicherheitspolizeilichen Aufgaben in Litauen durch das Einsatzkommando 3 am 2. Juli 1941.

Auf meine Anordnung und meinen Befehl durch die litauischen Partisanen durchgeführten Exekutionen:

Nach Aufstellung eines Rollkommandos unter Führung von SS-Ostuf. Hamann und 8–10 bewährten Männern des EK.3 wurden nachfolgende Aktionen in Zusammenarbeit mit lit. Partisanen durchgeführt:

Hier folgt eine lange Liste mit genauem Datum, Orstangabe und der Zahl der Ermordeten. Unter den aufgezählten 70 Gemeinden und Städten findet sich auch die folgende Zeile:

28.8.41 Vilkija 76 Juden 192 Jüdinnen 134 Judenkinder 402

Demnach wurde die jüdische Bevölkerung von Vilkija, nachdem man sie der Willkür ihrer litauischen Nachbarn preisgegeben hat, am 28. August 1941 aus ihren Häusern gejagt, zu den zuvor ausgehobenen Gruben getrieben, wo sie alle erschossen und begraben wurden. Die tödlich Getroffenen waren die Glücklicheren.

Das also war das grauenvolle Schicksal, dem wir dank des selbstlosen Einsatzes eines uns völlig unbekannten Wehrmachtssoldaten, der trotz allem seinem Gewissen folgte, entkamen. In der schrecklichen Seelenbedrängnis, in der wir uns befanden, hatten wir dem edlen Menschen kein Wort des Dankes gesagt; dabei hatte er mir ein unübertreffliches Geburtstagsgeschenk gemacht: mein eigenes Leben! Hab also Dank, mein unbekannter Retter, dein Wunsch in seinem weitesten Sinne hat sich erfüllt: Ja, ich wurde 15, und dann gelang es mir, auch noch viel älter zu werden. Umgeben von meiner Frau, meinen beiden Kindern und fünf Enkelkindern feiere ich weiter meine Geburtstage, und jedesmal denke ich an dich. Du hast meine Seele gerettet, und – gemäß einem alten jüdischen Weisheitsspruch – »wer eine Seele rettet hat eine ganze Welt gerettet«.

Passierte das alles wirklich an meinem Geburtstag, dem 10. Juli? Hatte ich mich nicht verrechnet? Schließlich war ich nur ein zu Tode erschrockener 14jähriger Junge ...

Als ich diese Zeilen schrieb und an das Vergangene dachte, kamen mir plötzlich Ditas Worte in den Sinn, die ich vor dem Einschlafen, am Abend unserer Rückkehr aus Vilkija gehört hatte: »Heute wurde die Einrichtung des Ghettos verkündet.« Ich lief zu den Bücherregalen und blätterte erregt in Torys Tagebuch[*], und da, auf Seite 50 der hebräischen Ausgabe, stand es: »Zeitungen und Plakate brachten in großen Lettern die Verordnung des litauischen Bürgermeisters und des Stadtkommandanten vom 10. 7. 1941, daß alle Juden von Kaunas, ohne Unterschied von Geschlecht und Alter, die Stadt verlassen und in das Ghetto übersiedeln müssen.« Im selben Tagebuch wird später der ganze Befehl wiedergegeben:

»*Alle, die dem Judentum angehören ... und in den Grenzen der Stadt Kaunas wohnen, haben vom 15. Juli bis zum 15. August dieses Jahren ihren Wohnsitz in den Vorort Viliampole zu überführen.*

Kaunas am 10. Juli im Jahre 1941
Gez. (-) Der Stadtkommandant von Kaunas (-) Der Bürgermeister von Kaunas«

In den Krallen der Bestien

Die Übersiedlung ins Ghetto war wie eine Völkerwanderung. Karren, beladen mit Gepäck und wenigen Möbeln, fuhren die Habseligkeiten in beide Richtungen, hin und her. Die Litauer aus dem Armenviertel Slobodka zogen in die mit allen Bequemlichkeiten ausgestatteten Wohnungen in der Stadt, in der auch die meisten Möbelstücke, für die kein Platz im Ghetto war, zurückblieben, und wir kamen in die kleinen hölzernen Häuschen, die keine sanitären Anlagen hatten. Wasser wurde aus einem Brunnen hochgezogen, und das Klo stand in der Ecke des Gartens. Mich störte es nicht. Ich war mit diesen Einrichtungen von unserer Datscha und auch von Vilkija her vertraut. Unsere erste Wohnung war eine Hütte aus zwei Zimmern und Küche, wo wir uns zusammen mit Großvater Josef und Tante Berta zu sechst zusammendrängten.

Im Ghetto wurde, nach den Verordnungen der zuständigen Behörden, eine Selbstverwaltung eingerichtet. An der Spitze stand der Ältestenrat, der sich aus prominenten Leuten zusammensetzte und alle nötigen Abteilungen umfaßte, wie es sie in jeder Stadtverwaltung gibt. Um die Ordnung im Ghetto aufrechtzuerhalten, wurde auch eine Ghettopolizei gegründet, und deren Führung wurde den früheren jüdischen Offizieren der litauischen Armee anvertraut. Es gab davon nur ganz wenige, und Ditas Mann war unter ihnen. Vertreter des Ältestenrats kamen und erklärten ihm, wie wichtig es sei, daß die Ghettopolizei von verläßlichen Leuten geführt werde, damit keine zweifelhaften Elemente sich ihrer bemächtigten. Judke ließ sich, trotz all seiner Befürchtungen, überzeugen, stimmte zu und wurde zum stellvertretenden Polizeikommandanten ernannt. Wie mir später klar wurde, dachte er schon damals an möglichen Widerstand, bei dem die Ghettopolizei eine bedeutende Rolle spielen konnte. Darum vermutete er, daß dieses Amt mit größter Lebensgefahr verbunden sein würde. Er ahnte nur nicht, wie zutreffend seine Vermutungen waren.

Im großen und ganzen wollten wir glauben, daß wir das Schlimmste schon hinter uns hatten. Gewiß waren wir noch niedergeschlagen und

---

* A. Tory, früher Sekretär des Ältestenrats, führte im Ghetto ein Tagebuch, das er später veröffentlichen konnte: »Ghetto from Tag zu Tag« [hebr.]. Hrsg. v. Dina Porat. Universität Tel Aviv 1988. (engl. »Surviving the Holocaust. The Kaunas Ghetto Diary«. Hrsg. v. Martin Gilbert. Cambridge, Mass. 1990).

von Befürchtungen geplagt. Wir dachten an die harten Lebensbedingungen, an Hunger, Fronarbeit, Demütigungen und ähnliches, das uns noch erwartete. Aber trotz der vorausgegangenen Pogrome und der grausamen Ermordung Tausender wie auch Hitlers Drohungen schien es uns undenkbar, daß man inmitten des 20. Jahrhunderts ein ganzes Volk, Männer, Frauen, Alte und Kinder, vor vorbereiteten Gruben mit Maschinengewehren niedermetzeln kann. (Daß es in der Provinz genau so schon in vollem Gange war, war noch nicht allgemein bekannt.) Zwar war die Wirklichkeit von Großvaters Zemachs »Ordnungs«-Gerede zu Kriegsbeginn sehr weit entfernt, aber der Gedanke an einen Völkermord lag jenseits des normalen Menschenverstandes. Heute ist mir klar, daß wir damals die Realität verdrängten. Wie hätte man anders weiterleben können?

Die Übersiedlung endete am 15. August. Das Ghetto wurde mit Stacheldraht abgezäunt, und einige Tage war es wirklich still, zu still ... Es war die Stille vor dem Sturm.

Eine anständige Arbeitsgelegenheit

Die vorherrschende Meinung im Ghetto war, daß vieles davon abhängen würde, wie nützlich wir seien. Darum wurde die einige Tage später bekanntgemachte Anforderung, man brauche 500 Akademiker für die Ordnung der zurückgebliebenen sowjetischen Archive, als eine Gelegenheit verstanden zu beweisen, wie leistungsfähig wir sein konnten. Auch war diese Anforderung ungewöhnlich höflich, und den Leuten wurde angemessene Verpflegung zugesagt.

Viele junge Akademiker, die darin auch eine Gelegenheit sahen, einen anständigen Arbeitsplatz zu finden, versammelten sich am nächsten Morgen am Ghettotor. Es waren etwas mehr als die angeforderten 500, und sie wurden alle unter starker Bewachung auf vorbereiteten Lastwagen abtransportiert.

Der Abend kam, und sie kehrten nicht zurück. Man tröstete sich, daß sie zum Übernachten geblieben waren. Aber auch an den nächsten Tagen war von ihnen keine Spur. Tage verstrichen, von den Menschen kam keine Nachricht, und die zuständigen Behörden entzogen sich jeder Erklärung. Nun ahnte man schon das Schlimmste, und allmählich verbreitete sich die unglaubliche, von vertrauten Litauern überbrachte schreckliche Nachricht, daß sie alle noch am selben Tag auf dem Fort IV. erschossen worden waren.

Die jüdische Ghettopolizei am Tor des Ghettos, der zweite von links ist mein Schwager Jehuda.

Unter ihnen war auch unser Nachbar, der in jener Nacht der »Hausdurchsuchungen« entführt und damals durch ein »Wunder«, wie er es formulierte, gerettet worden war. Zu dieser Zeit aber genügte ein einziges Wunder zum Überleben schon nicht mehr. Etwas später wurde diese Mordaktion von den Behörden bestätigt, und zwar mit dem Vorwand, es habe sich um eine Reaktion auf eine »Sabotage-Handlung« gehandelt. (Wie sich später herausstellte, war es eine vorbereitete Maßnahme, bezweckt war die Beseitigung von potentiellen Widerstandsanführern.)

Dieses hinterhältige Herauslocken und die sofortige Erschießung der 534 Menschen waren also der Auftakt für die Zeit im Ghetto und das Ende unserer Illusionen. Die Stimmung im Ghetto schlug um, und eine bedrückende, schwer lastende Atmosphäre lag wie eine schwarze Wolke über uns. Düstere Vorahnungen machten uns beklommen, etwas furchtbar Bedrohliches war im Anzug. Aber man ließ uns nicht viel Zeit zum Nachdenken, und ein Schrecken nach dem anderen kam über die eingeschüchterten Ghettoinsassen.

Raub der Wertsachen

Einige Tage später stürzten bewaffnete deutsche Abteilungen in die Häuser des Ghettos und verlangten, daß sofort alle Wertsachen abgeliefert werden müßten (bei diesem Raubüberfall waren ihnen die litauischen Schergen unerwünscht). Schreie, Gebrüll und Schüsse hallten. Erschossene lagen in den Straßen. Ich sah, wie man unserem Nachbarn, der ein Zahntechniker war, den Lauf des Gewehres an den Kopf setzte und von ihm Gold verlangte. Er zitterte am ganzen Leibe, schwor, daß er keines habe, und kam irgendwie unversehrt davon. Bei uns ging es ruhiger zu. Unser gutes Deutsch beschwichtigte sie. Mutter gab ihnen den Trauring, und sie begnügten sich damit.

Dieser Terror konnte noch Tage anhalten und viele Opfer fordern. Aber der Ältestenrat schaltete sich ein mit dem Vorschlag, daß die Ghettoinsassen selbst ihre Wertsachen abliefern sollten. Die deutschen Behörden willigten ein, fügten aber eine Drohung an: Wenn danach noch bei jemandem Wertsachen gefunden würden, werde man alle Angehörigen der Familie und auch die Nachbarn erschießen.

Am nächsten Tag wurden Sammelpunkte eingerichtet und die eingeschüchterte Ghettobevölkerung lieferte alle Wertgegenstände ohne weiteres ab. Die vorbereiteten Kisten füllten sich mit goldenen Ringen, Ohrringen, Armbändern und silbernem Besteck. So wurde den Menschen ihr noch verbliebenes Vermögen, das sie später vor dem Hunger und manchmal vor dem Tod hätte retten können, geraubt.

Jordans Handwerkerausweise

Gleich danach kam eine neue Schreckensnachricht: Der für das Ghetto zuständige Angestellte des Stadtkommissariats Jordan überreichte dem Ältestenrat 5000 Ausweise, die an Handwerker zu verteilen waren. Im Ghetto befanden sich zu dieser Zeit etwa 30 000 Menschen, und nach dem Mord an den 534 bedurfte es keiner großen Einbildungskraft, um zu vermuten, was es bedeutete. Man war allgemein der Ansicht, daß es sich in der Tat um »Lebenspässe« handle, und wer diesen Ausweis nicht bekomme, sei zum Tode verurteilt.

Zuerst weigerte sich der Ältestenrat, die Verteilung der Ausweise durchzuführen. Doch die Handwerker forderten sie mit der Behauptung, daß der Ältestenrat nicht befugt sei, ihre Überlebenschancen zunichte zu machen. Die Situation war wie auf einem sinkenden Schiff,

Im Ghetto von Kaunas.

auf dem sich 30000 Passagiere befinden, aber nur 5000 Plätze in den Rettungsbooten zur Verfügung stehen. Als 14jähriger hatte ich keine Aussichten auf einen »Lebenspaß«. Ich war wieder in »Vilkija«, aber diesmal ohne Beschützer, und kein rettender Dampfer war weit und breit in Sicht. Es war ein zutiefst verbitterndes Gefühl, mit dem ich mich natürlich nicht abfinden konnte, und ich grübelte nach, wo ich mich verstecken könnte.

Im Ghetto entstand eine Panik, und der Ältestenrat wurde von den Ghettoinsassen belagert, die »Jordanpässe« verlangten. Wahrscheinlich war diese Entwicklung von den Henkern, die unsere reibungslose Vernichtung planten, am wenigsten gewünscht. Dazu kam der Druck von verschiedensten Wehrmachtseinheiten und Baustellen, die für den Kriegseinsatz viel mehr als 5000 tüchtige und fast nichts kostende Arbeitskräfte benötigten, die sonst nicht zur Verfügung standen. Nach einer gewissen Zeit ergab sich, daß die sogenannten »Jordanpässe« nicht mehr so strikt maßgebend waren, und ich schöpfte neue Lebenshoffnung. Aber dann kam es erneut zum Massenmord.

Ein schlichtes Wort: »Aktion«

Es gibt Sammelaktionen, Suchaktionen und sogar Rettungsaktionen, aber im Nazideutsch gab es auch einfach »Aktion«, und hinter diesem schlichten Ausdruck verbargen sich Menschenjagd, Massenmord, Vernichtung und unbeschreibliche Greuel.

Als das Wort »Aktion« im Ghetto fiel, löste es sofort eine schreckliche Panik aus, und es ist für mich bis heute traumatisch geblieben. Kleine Teile des Ghettos wurden plötzlich umzingelt und die dort wohnenden Menschen umgebracht. So war es auf der Velinonosstraße. Eine Seite der Straße wurde umstellt, alle Menschen, die sich zu dieser Zeit dort befanden, wurden kurzerhand auf einem der Forts erschossen.

Nur zehn Tage vergingen bis zur nächsten »Aktion« ...

Ein kleiner Teil des Ghettos befand sich jenseits einer wichtigen Durchfahrtsstraße, die außerhalb des Ghettos verlief. Dieser Teil war durch eine Holzbrücke mit dem Hauptteil verbunden und wurde das »Kleine Ghetto« genannt. Dort befanden sich auch zwei Krankenhäuser, das chirurgische und das für Infektionskrankheiten, sowie das Waisenhaus.

Am 4. Oktober wurde das »Kleine Ghetto« umstellt, die Einwohner wurden aus den Häusern getrieben und auf einem Platz konzentriert. Wer den »Jordanpaß« vorzeigen konnte, wurde im allgemeinen in das Hauptghetto entlassen. Die anderen wurden mit Lastwagen auf das Fort IX gebracht und dort allesamt erschossen. Unter ihnen waren auch die Kinder und ihre Betreuer aus dem Waisenhaus sowie die Kranken aus dem chirurgischen Krankenhaus, die alle auf brutale Weise auf Lastwagen geschoben oder geprügelt wurden. Das Spital für ansteckende Krankheiten wurde abgeriegelt und dann samt den Kranken und dem Personal verbrannt.

Diese grausamen Ereignisse erwähne ich nur in Kürze, weil ich sie nicht miterlebte. Denn wir wohnten in dem größeren Teil des Ghettos und waren von dieser »Aktion« nicht betroffen. Überhaupt wurden alle schrecklichen Ereignisse irgendwie möglichst vor mir verborgen gehalten. Zu dieser Zeit hatte ich keine Beschäftigung, ich blieb meistens zu Hause und wurde auf diese Weise zumindest zeitweilig von den grauenvollen Nachrichten verschont.

Nach den grausamen »Aktionen« herrschte im Ghetto eine depressive Stimmung. Die Menschen waren von düsteren Vorahnungen einer sich anbahnenden Katastrophe geplagt, doch die Fronarbeiten, die ununterbrochen weitergingen, und die tagtäglichen Sorgen bei der lebensnotwendigen Beschaffung von Nahrung und Heizmaterial ließen den müden Leuten wenig Zeit zum Nachsinnen.

Judke, der sich durch sein Amt viel näher an den verschiedensten Informationsquellen befand, war sonderbar verschwiegen. Wann immer jemand von uns ihm die alle quälende Frage: »Was wird sein?« stellte, wich er der Antwort mit einem »Pferde haben große Köpfe, sollen die denken« aus.

Das »Kleine Ghetto« war von den Menschen geräumt, blieb aber leer und unbesetzt. Es dauerte nicht lange und wir wußten, warum.

Drei Wochen später erschienen im Ghetto Gestapobeamte, und ihre Ankunft verhieß nichts Gutes. Anders als sonst gingen sie nicht direkt zum Ältestenrat, sondern machten eine Fahrt durch das Ghettogelände, um sich einen Überblick zu verschaffen. Auf einem großen unbebauten Feld blieben sie stehen, schauten sich um und verließen danach sofort das Ghetto. Dieses Feld hieß – Ironie der Geschichte – Demokratenplatz.

Der unübliche »Besuch« erregte im Ghetto großes Aufsehen, und man fragte sich ängstlich, welche bösen Absichten im Schilde geführt wurden. Die Antwort darauf kam gleich am nächsten Tag. Der Gestapomann Rauka erschien im Ältestenrat mit einer schreckenerregenden Botschaft, die in eine »beruhigende« Erklärung verpackt war und ungefähr so lautete: »Die Arbeitskraft des Ghettos ist für den Kriegseinsatz sehr wichtig und soll darum noch vergrößert werden. Mehr noch, die Behörden sind sich bewußt, daß die zugeteilten Verpflegungsrationen für die Arbeitenden nicht genügen, und haben darum die Absicht, die Rationen für die Arbeiter und ihre Familienangehörigen zu vergrößern, damit sie produktiver sein können. Die übrigen werden sich mit den bisherigen Rationen abfinden müssen. Aber damit keine Fehden zwischen den beiden Gruppen entstehen, wird der unproduktive Teil ins ›Kleine Ghetto‹ überführt werden. Somit werden sich auch die Wohnungsbedingungen der Arbeitenden verbessern.«

Soweit die beruhigende Verpackung, und dann kam die eigentliche Verordnung: »Zur Durchführung dieser Maßnahme wird im Ghetto ein Appell stattfinden. Darum hat der Ältestenrat die folgende Meldung zu erlassen: Alle Ghettoeinwohner, ohne jede Ausnahme, haben sich am 28. Oktober bis 6 Uhr morgens auf dem ›Demokratenplatz‹ zu versammeln. Dort haben sie sich familienweise und gemäß der Arbeitsstelle des Familienoberhaupts in Kolonnen aufzustellen. Wer nach der angegebenen Stunde in den Häusern gefunden wird, wird auf der Stelle erschossen.«

Nach einigem Zögern blieb dem Ältestenrat keine Wahl. Am 27. Oktober wurden im Ghetto Plakate geklebt, in denen die Verordnung der Gestapo mitgeteilt wurde.

Die Nachricht erfüllte uns mit Angst und Schrecken. Nach den vorausgegangenen Vernichtungsaktionen konnte man das Schlimmste erahnen. Aber wie phantastisch die vorgebrachte Begründung und Erklärung sich auch anhörte, so ließ sie doch einen Funken Hoffnung. Die Gestapoleute kannten sich aus mit der menschlichen Psychologie.

Als wir Judke am Abend fragten, was uns am nächsten Tag erwartete, zitierte er eine Aussage, die er von einem Gestapobeamten gehört hatte: »Familienmusterung nach Gesichtspunkten«. Er sagte noch, daß er selbst nicht verstehe, was damit gemeint sei, aber es hörte sich nicht so bedrohlich an und wirkte zumindest ein wenig beruhigend.

Vilkija tausendfach ...

In der Nacht auf den 28. Oktober konnte keiner von uns schlafen. Nicht nur wegen der beängstigenden Gedanken. Wir wurden in der Nacht immer wieder von Schüssen aufgeschreckt. Das geschah, um uns einzuschüchtern und jede Regung des Widerstandes im Keim zu ersticken.

Im Morgengrauen machten wir uns auf den Weg. Ich war sehr verängstigt und wollte mich in dem anliegenden Schuppen unter dem Trödel verkriechen, wurde aber von Judke und Dita davon abgehalten. Aus allen benachbarten Häusern strömten die Ghettobewohner zum Demokratenplatz. Klein und groß, alt und jung, keiner wollte zurückbleiben, um nicht auf der Stelle erschossen zu werden. Angekommen, stellten wir uns, wie verordnet, familienweise nach dem Arbeitsplatz des Familienoberhauptes auf.

Knapp 27000 Menschen, die ganze Ghettobevölkerung, waren auf dem Demokratenplatz in ängstlich gespanntem Warten versammelt. Wir standen mit den Angehörigen der Ghettopolizei in einer besonderen Kolonne, und die Gruppe neben uns bestand aus den Familien des Ältestenrats. Endlich erschien Rauke und stellte sich vor den Kolonnen auf. Noch bevor die Selektion begann, blickte er kurz auf unsere Seite und machte eine Handbewegung, die diese zwei Kolonnen zu seiner Linken marschieren ließ. Wenn ich die Augen schließe, kann ich diese Handbewegung auch noch heute fast klar sehen. Für mich war es das Zeichen zum einstweiligen Weiterleben, für 9200[*] weniger Glückliche, die auf seine rechte Seite kamen, war es das Todesurteil. Mit dem Wink seines Zeigefingers entschied er in einem Augenblick über das Schicksal von einzelnen, von Familien und auch von ganzen Gruppen. Links kamen die Jüngeren, die Stärkeren und besser Aussehenden, rechts die Alten, die Kinder und die Schwächeren.

Von dem Moment an, da wir zu Raukas Linker kamen, blieb ich von den schrecklichen Ereignissen, die an diesem Tag passierten und die keiner der Überlebenden jemals vergessen wird, fast gänzlich verschont. Ich sah nicht die zu Tode erschrockenen Gesichter der nach rechts Gewiesenen, ich sah nicht die herzzerbrechenden Szenen, als Familien auseinandergerissen wurden, ich sah nicht die brutale Behandlung der Unglücklichen durch die litauischen »Partisanen«, die ihre Henkersrolle willig und grausam ausführten.

Rauka schickte zur Todesseite einzelne, ganze Reihen und sogar ganze Gruppen, deren Aussehen auf ihn einen schlechten Eindruck machte. Besonders schlimm erging es den Leuten, die am Tag zuvor auf dem Flugplatz gearbeitet hatten. Weil die Nachtschicht wegen der Sperre des Ghettos nicht zur Ablösung kam, mußte die Tagschicht weitere zwölf Stunden Nachtarbeit verrichten, und am Morgen der »Aktion« wurden sie geradewegs zum Appellplatz gebracht. Nach 24 Stunden zermürbender Arbeit, müde und erschöpft, in verspritzter Kleidung und verschlammten Schuhen, wurden gerade diese Menschen, die für den deutschen Kriegseinsatz so schwer schufteten, samt ihren Familien Raukas Opfer. (»Dieser ganze Misthaufen geht nach rechts«, wurde Rauka zitiert.)

Ozer Schavit, ein Überlebender, erzählte mir folgendes: Die Selektion ging langsam voran. Die Nerven der Menschen, die die Entscheidung über ihr Schicksal erwarteten, waren bis zum äußersten gespannt. Er stand mit seinen Eltern und seinen Geschwistern in einer Kolonne, die sich Rauka näherte, als er bemerkte, daß dieser ganze Gruppen nach rechts schickte. Der 13jährige Knabe sah sich um. Die Gruppe, in der sie sich befanden, sah ihm »nicht gut« aus. Ozer schlug vor, deshalb in die hinter ihnen stehende Kolonne zurückzutreten. Sein Vater, der mit seinen Nerven am Ende war, wollte davon nichts hören. »Ich kann es nicht mehr aushalten, wir müssen mit dieser Ungewißheit ein Ende machen, sei, was sein wird.« Aber seine Mutter entschied anders, sie kannte und schätzte ihren umsichtigen kleinen Sohn: »Wenn Ozer dieser Meinung ist, dann folgen wir seinem Rat.« Sie wechselten die Kolonne. Ozer hatte recht. Rauka schickte die ganze Gruppe, in der sie sich vorher befunden hatten, nach rechts auf die Todesseite. In der anderen Kolonne überstanden sie die Selektion und blieben, so wie wir, bis auf weiteres am Leben.

---

* Aus Karl Jägers Bericht: 29.10. 41 Kauen – F.IX – 2007 Juden, 2920 Jüdinnen, 4237 Judenkinder 9200 (Säuberung des Ghettos von überflüssigen Juden).

Die Ghettopolizei war beauftragt, die Ordnung auf dem Teil des Platzes aufrechtzuerhalten, auf dem sich die Menschen, die die Selektion hinter sich hatten, konzentrierten. Dabei gelang es ihr, einzelne aus den Reihen der Wartenden auf die Lebensseite zu schmuggeln. So bemerkte ich plötzlich, wie Judke die Großeltern Zemach und Basia auf unsere Seite herüberbrachte. Er mußte sie stützen und hinschleppen. Sie hielten sich kaum auf den Füßen, hatten schrecklich bleiche Gesichter, und die zerzausten Haare fielen ihnen ins Gesicht. Großvater Josef und Tante Berta waren in unserer Kolonne, und so blieben die älteren Mitglieder unserer Familie einstweilig unversehrt.

A.-Tory hielt damals in seinem Tagebuch fest: »Die ›Aktion‹ zog sich bis in den Abend hin. Die Menschen waren müde, kalt und durstig, die kleinen Kinder weinten, aber Rauka und Jordan, der sich später dem mörderischen Tun anschloß, zeigten kein Zeichen von Überdruß, die erschütternden Geschehnisse hatten auf sie keine Wirkung. Von Zeit zu Zeit stärkten sie sich mit einem belegten Brot. Sie hatten weiße Handschuhe an, als ob sie ihre Hände vor ihrer blutigen Tat schützen wollten.«

Die nach rechts abgesonderten Menschen wurden schon im Laufe der »Aktion« in das »Kleine Ghetto« überführt, was einen Schimmer der Hoffnung erweckte, daß man sie vielleicht doch noch leben lassen würde. Diese Hoffnung, die so absichtlich von der Gestapo geweckt wurde, verhinderte Ausbruchsversuche, zu denen es im Falle völliger Verzweiflung vielleicht gekommen wäre.

Es war schon dunkel, als die Übriggebliebenen vom Demokratenplatz zurück in ihre Häuser entlassen wurden. Ich war sehr müde und schlief sofort ein.

Im Morgengrauen erwachte ich in einem hellen Schrekken. Ein schauerlicher, von draußen eindringender Ton riß mich aus dem schweren Schlaf. Es war ein bis ins Mark durchdringender schmerzerfüllter Klang, unheimlich und unwirklich, wie ich ihn noch niemals im Leben gehört hatte. Entsetzt stürzte ich hinaus.

Auf der unweit gelegenen Anhöhe, auf welcher der Weg zum Fort IX führte, bewegte sich mühsam ein unendlicher wankender Menschenzug aufwärts. Es war der Todesmarsch der gestern von Rauka nach rechts abgesonderten Menschen. Sie gingen weinend und wehklagend, zu Gott betend und flehend. Das fürchterliche Wehgeschrei aus Tausenden Kehlen, das Tausendfache des in Vilkija Gehörten, stieg empor in den Himmel. Das war der Moment, da Gott sein Antlitz zeigen und sein Zorn über die Massenmörder niederprasseln sollte ... doch der Himmel blieb verschlossen. Von Grauen und Schrecken überwältigt, lief ich zurück ins Haus.

Später hörten wir den ganzen Tag lang das entfernte Rattern der Maschinengewehre.

Das Leben geht weiter

Nach dieser »Aktion« gab es im Ghetto keine Illusionen mehr. Zwar war der Nazimoloch, der unaufhörlich seine menschlichen Opfer verlangte, jetzt fürs erste gesättigt und wir bekamen einen Aufschub, doch war uns klar: Wir lebten weiter mit geborgter Zeit.

Die Henker ließen uns keine Zeit zum Trauern. Schon am nächsten Tag verlangten Militär und Zivilverwaltung weiteren und noch verstärkten Arbeitseinsatz, besonders beim Bau des Flugplatzes. Dabei betonten sie auch, daß nur die Arbeit und die Leistung des Ghettos die weitere Existenz der Überlebenden »garantieren« könnten.

Die Übriggebliebenen und die Betroffenen trugen ihren Schmerz verborgen in ihrem Herzen. Nach einiger Zeit verdrängten der Lebenswille und der alltägliche Kampf gegen Hunger und Kälte die erlebte Erschütterung. Das »Leben« im Ghetto ging weiter. Obwohl der Gedanke, daß früher oder später auch uns dasselbe Schicksal ereilen würde, unaufhörlich quälte und bedrückte, bewahrten wir einen Funken Hoffnung. Zwar sah es so aus, als ob keiner die deutsche Kriegsmaschine aufhalten könne, aber wir hofften von ganzem Herzen, daß das Kriegsglück sich noch wenden würde, so daß es eine gewisse Aussicht auf Überleben gab.

Auch ich hegte nach all dem unsagbaren Glück, das mich seit Beginn des Krieges begleitete und beschützte, die Hoffnung, daß ich es schaffen würde. Das galt bis zur vorletzten Nacht des Todesmarsches im bayerischen Alpenvorland, aber was dort passierte, gehört zu einem ganz anderen Kapitel.

Das Hundeloch unter dem Zaun

Nach den »Aktionen« stellte sich eine gewisse Beruhigung und Stabilisierung in unserer Ghettoexistenz ein. Dem Auftreten unserer »Herrscher« konnte man entnehmen, daß in absehbarer Zeit keine neuen »Aktionen« bevorstanden und jetzt der Nachdruck auf die maximalste

Ausbeutung unserer Leistungskraft gerichtet war. Im Moment waren wir für den Kriegseinsatz wichtige Arbeitssklaven, aber im Gegensatz zum Altertum, als das Leben eines Sklaven als Eigentum noch geschätzt wurde, hatte unser Leben keinen Wert.

Auch wenn zeitweilig keine »Aktionen« mehr durchgeführt wurden, bedeutete dies nicht, daß das Morden aufhörte. Tagtäglich wurden Menschen wegen geringster »Vergehen« – von dem Versuch, die Arbeitsstelle für kurze Zeit zu verlassen, um die wenigen noch vorhandenen Klamotten gegen Kartoffeln und Brot einzutauschen, bis zu der nicht schnell genug vor einem Uniformierten abgezogenen Mütze – einfach auf der Stelle erschossen oder auf das Fort IX gebracht, von wo nur ganz wenige zurückkamen. Leben und Tod hingen stets von den unvorhersehbaren Launen der Gestapoleute ab. So war die nackte Existenz im Ghetto ein Gemisch aus Fronarbeit und unaufhörlichem Kampf ums Überleben.

Fast von Anfang an wurden alle Männer und Frauen, die älter als 15 Jahre waren, zur Zwangsarbeit verpflichtet. Es waren meistens die niedrigsten Reinigungsarbeiten oder die schwersten Bauarbeiten, wie etwa bei der berüchtigten Flugplatzbrigade. Der zu Beginn des Krieges durch Bombardierungen beschädigte Flugplatz sollte instand gesetzt und vergrößert werden. Die Erdbauarbeiten wurden Tag und Nacht in zwölfstündigen Schichten durchgeführt. Das Gelände war völlig verschlammt. Die Erde war lehmig und heftete sich an den Spaten. Die Leute wurden angetrieben, und die Verpflegung bestand aus ein wenig lauwarmem Krautwasser. Dazu kam der einige Kilometer lange Marsch von und zur Arbeit. Es war eine mörderische Schufterei.

Auch Dita arbeitete auf dem Flugplatz, wurde aber später zu Reinigungsarbeiten in einer Wehrmachtsabteilung eingesetzt, die sich im Gebäude des deutschen Realgymnasiums, ihrer früheren Schule, befand. So ging sie wieder jeden Morgen zur Schule ...

Es ist sicher nicht überraschend, daß trotz der schweren Fronarbeiten dem Ghetto Hungerrationen zugeteilt wurden. Aber auch diese kamen nur teilweise und manchmal in ungenießbarem Zustand an, etwa gefrorene und halbverrottete Kartoffeln oder Eingeweide statt Fleisch und ähnliches. In der Kriegszeit waren Eßwaren, wie immer, knapp und rationalisiert. Auf dem Schwarzmarkt konnte man Wucherpreise erzielen, und jeder korrupte litauische und deutsche Beamte streckte seine Hände nach der Beute aus, um sich auf Kosten der hilflosen und außerhalb jedes Rechts Stehenden zu bereichern.

Der Hunger, der infolgedessen im Ghetto entstand, trieb die Menschen trotz der drohenden und auch vollstreckten Todesstrafen zu verzweifelten Handlungen. Wie alle außerhalb des Ghettos Arbeitenden riskierte Dita ihr Leben, wenn sie in den Ruhepausen das Gelände der Schule durch ein Hundeloch unter dem Zaun verließ, den gelben Stern auf der Bekleidung bedeckte, um bei den litauischen Nachbarn Kleidungsstücke gegen Kartoffeln, Brot und manchmal auch Speck einzutauschen. Wer dabei erwischt wurde, konnte mit seinem Leben dafür büßen oder ins Gefängnis kommen, und von dort war der Weg zum Fort IX nicht weit. Aber auch nach dem gelungenen Tausch mußte man die Produkte noch durch die Kontrolle am Ghettotor durchschleusen. Dies gelang mittels Bestechung der litauischen Wachen, die durch die Ghettopolizei vermittelt wurde. Ohne diesen Schmuggel und ohne das, was man Zaunhandel nannte, der große Ausmaße annahm, wären wir schlicht und einfach verhungert.

Zuerst lag die ganze Last für die Versorgung unserer sechsköpfigen Familie allein auf Ditas Schultern. Ich kann mich noch an das aus Maismehl gebackene Soldatenkommißbrot erinnern, das sie manchmal zugeschoben bekam. Es war zäh und schmeckte absonderlich, auch das bißchen dunkle Pferdefleisch, das manchmal zugeteilt wurde, hatte einen sonderbaren Beigeschmack, aber wer Hunger hat, ist nicht anspruchsvoll.

Später schaltete sich auch Mutter ein. Sie arbeitete in einer Strickfabrik, die Socken herstellte, und nahm sich als Lohn hin und wieder ein Paar Socken mit, die man später gegen Eßwaren eintauschen konnte. Das war selbstverständlich wieder mit Lebensgefahr verbunden, weil es als Sabotage betrachtet wurde, aber die Alternative des Verhungerns ließ keine Wahl.

Zur selben Zeit entstanden im Ghetto die Arbeitswerkstätten. Es stellte sich heraus, daß viele in der jüdischen Bevölkerung tüchtige und begabte Handwerker waren. In kurzer Zeit wurden in den Werkstätten die verschiedensten Abteilungen eingerichtet, in denen fast alles erzeugt wurde: von Handschuhen, Stiefeln und Pelzen bis zu Holzspielzeug, das für die Kinder der deutschen Besatzer gedacht war, aber auch ins Reich gelangte. Das Rohmaterial stammte meistens von den geraubten Sachen der ermordeten Juden. Auch von der Front kamen zerschossene Stiefel und Uniformen, die man reinigte und deren unbeschädigte Teile man zur erneuten Produktion nutzte. Die Werkstätten wurden den Vorgesetzten im Reich von der Gestapo und der Zivilverwaltung als Beweis der Nützlichkeit des Ghettos für den Kriegseinsatz vorgestellt und den hohen Besuchern vorgezeigt. Dabei ließen sie sich und ihren Frauen elegante Pelze und Handschuhe nähen, und die Damen kamen ungeniert zum Anmessen in die Werkstätten. Während ihre Volksgenossen an der russischen Front zu Tode froren und im Kriegsgemetzel zermalmt wurden, führten die Gestapo und die SA-Herrscher ein bequemes, auf geraubtem Vermögen und fremdem Schweiß begründetes luxuriöses Leben. Paradoxerweise entstand somit eine gemeinsame Überlebensstrategie zwischen den deutschen Herrschern und ihren Ghettosklaven, was die verhältnismäßig lange Existenz des Kaunaser Ghettos erklären kann.

In meinem Alter war ich nicht zur Zwangsarbeit verpflichtet, suchte aber eine für meine Kräfte geeignete Arbeitsstelle. Wer nicht arbeitete, fühlte sich bedroht, aber ich wollte auch etwas für den gemeinsamen Familienunterhalt tun und meldete mich deshalb zur Arbeit in den Werkstätten, wo ich verschiedenste Hilfs- und Instandhaltungsarbeiten verrichtete. Einerseits war dies ein verhältnismäßig leichter und bequemer, nicht weit entfernter Arbeitsplatz, andererseits konnte ich dabei nur wenig zu unserem Lebensunterhalt beitragen.

Die »Hasenbrigade«

Wie sonderbar es sich auch anhören mag: Nach einiger Zeit beschlossen die Behörden, daß es nicht nötig sei, die Arbeitsbrigaden von Wachen begleiten zu lassen. Sie kamen einfach zu dem Schluß, daß es für uns ohnehin kein Entkommen gab. Ein Teil der litauischen Bevölkerung war feindlich und sogar schadenfroh gestimmt, was in ihrer willigen und eifrigen Beteiligung an der Vernichtung ihrer langjährigen Nachbarn zum Ausdruck kam. Die übrigen waren gleichgültig und schauten weg oder waren von der Todesstrafe, die jedem drohte, der es wagte, Juden zu verstecken, eingeschüchtert und verängstigt. Wohin und zu wem sollten wir fliehen? Also ließ man die Arbeitsbrigaden unbewacht zur Arbeit und wieder zurück in die Stadt marschieren!

Jeden Tag, noch im Dunkel vor dem Morgengrauen, versammelten sich die ständigen Arbeitsbrigaden beim Ghettotor und marschierten mit dem Brigadeführer an der Spitze zu ihren Arbeitsplätzen. Dabei kam nun jemand auf den Gedanken, eine vermeintliche Brigade zu schaffen, die jeden Morgen nicht zur Arbeit, sondern geradewegs zur Beschaffung von Nahrungsmitteln hinausmarschieren und dann am Abend sich wieder zusammenfinden sollte, um ins Ghetto zurückzukehren. Im Dunkel und dem Gedränge kümmerte sich die litauische Torwache nicht um die Hinausmarschierenden, und die wachhabende Ghettopolizei drückte willig beide Augen zu.

Auf diese Weise konnten Knaben, die nicht zur Zwangsarbeit verpflichtet waren, ihre Familien vor dem Hungertod retten, auch wenn es natürlich mit einem großen Risiko verbunden war. Der Hunger drängte auch fast nur Kinder zu verzweifelten Taten. Und weil sie wie die Hasen wegsprangen, nannten sie sich die »Hasenbrigade«, was bezeugt, daß auch unter diesen harten Umständen der jüdische Sinn für Humor nicht ganz verlorengegangen war.

Diese phantastische Geschichte entzündete meine Phantasie, und ich sah mich schon am Abend mit einem mit Eßwaren vollbeladenen Rucksack überraschend nach Hause zurückkehren. Ohne viel nachzudenken, wie die Sache vor sich ging, erbat ich mir einen Tag Urlaub und, ohne zu Hause etwas zu erzählen, schloß ich mich am nächsten Morgen der »Hasenbrigade« an. An ihre Spitze stellte sich ein unbekannter junger Mann, der augenscheinlich als Brigadeführer fungierte. Es war noch ganz dunkel, als wir antraten und in Viererreihen durch das Ghettotor hinausmarschierten. An einer Straßenkreuzung, an der man Richtung Stadt links abbog, bogen wir rechts ab und erreichten nach kurzer Zeit ein abgelegenes Stadtviertel, das sich in der Nähe des Memelufers befand. Im selben Moment, wie auf einen Befehl, lösten sich die Reihen, und alle »Hasen« sprangen in die verschiedensten Richtungen auseinander. Jeder von ihnen hatte schon seinen Unterkunfts- und Handelsplatz, den er sich mit großer Dreistigkeit, die ihm die Not verlieh, gesichert hatte.

Nur ich blieb allein stehen, ohne zu wissen, wohin ich mich wenden sollte. Ich war auch nicht dreist und verzweifelt genug, um an Türen zu klopfen, bei denen ich nicht wußte, was mich dahinter erwartete. Erst jetzt begriff ich, sehr erschrocken, wie unbedacht und übereilt ich mich in dieses Abenteuer begeben hatte, und mußte schnell etwas unternehmen, um von der Straße zu verschwinden. Da die Memel in nächster Nähe war, suchte ich natürlich Zuflucht an dem mir so vertrauten Ufer, wo ich mich, zwischen den Sträuchern, vorerst verstecken konnte. Anfangs dachte ich, hier irgendwie die Stunde des Rückmarsches abzuwarten, aber dann erspähte ich ein Boot, das nicht mit Ketten angeschlossen war.

Es kam mir der Gedanke, mich auf die andere Seite des Flusses zu begeben, wo eine Brigade von Kindern meines Alters in einem Gehöft landwirtschaftliche Arbeiten verrichtete. Mit etwas Umsicht könnte ich mich ihnen anschließen und so unversehrt wieder ins Ghetto zurückkehren. Das Boot war, um Benutzung durch Fremde auszuschließen, wie üblich ohne Ruder, aber ich brauchte keine, mir genügte auch ein Brett. Was ich in den Sommerferien auf der Datscha aus Vergnügen erlernt hatte, half mir nun zu überleben. Nach einigem Suchen fand ich ein angeschwemmtes Brett, das mehr oder weniger meinen Erfordernissen entsprach. Ich schaute mich um, keiner war am Ufer zu sehen. Kurz entschlossen stieß ich das Boot, so weit ich konnte, ins Fahrwasser und warf mich hinein. Ich benutzte das Brett wie in einem Kanu, und das ziemlich schwere Fahrzeug unterwarf sich meinen Anstrengungen. Da ich mit dem Brett aber nur quer zur Strömung vorwärtskam, wurde ich eine lange Strecke stromabwärts getragen, ehe ich das gegenüberliegende Ufer erreichte.

Dieser gelungene »Hasensprung« ermutigte mich und brachte mich auf eine neue Idee. Ich befand mich auf halbem Wege nach Katschergine, dem Fischerdorf, wo unsere Datscha stand. Ich hatte Grund zu der Annahme, daß ich von dort nicht mit leeren Händen zurückkommen würde. Dazu gesellten sich die Sehnsucht und wahrscheinlich auch eine gewisse Abenteuerlust sowie die Zuversicht, daß ich es schaffen konnte. Schließlich war ich doch in dieser Gegend zu Hause. Ich brauchte mich nur vom Strom weitertragen zu lassen, bis zu einer mir bekannten Sandbank, die eine Bucht geschaffen hatte, wo ich gemächlich und unbemerkt anlegen und aussteigen konnte. Selbstverständlich war es kindliche Leichtfertigkeit und Naivität zu glauben, daß alles im Guten enden werde. Auch dünkte mir, daß ich immer noch genug Zeit hätte, um zu der Kinderbrigade zurückzukehren, die sich in dem Landwirtschaftsgehöft »Marevianka« befand. Ich konnte nicht mehr irren ...

Zuerst lief alles wie am Schnürchen. Ich erreichte die Bucht, verstaute das Boot und machte einen weiten Umweg in die bewaldeten Hügel, so daß ich mich jedem der Gehöfte ungestört und sicher von der Waldseite her nähern konnte. Ich hatte zwei Nachbarn im Sinn. Der erste war ein Fischer, mit dem ich mich angefreundet und dem ich manchmal beim Fischen geholfen hatte; zudem waren seine Kinder meine Spielkameraden, und wir hatten bei ihm immer Fische gekauft und Boote gemietet. Auch die Abfälle unserer Küche waren an seine Schweine gegangen, so daß wir früher freundliche nachbarschaftliche und gegenseitig nützliche Beziehungen unterhielten. Das Haus lag dicht an einem bewaldeten Hügel, und so tauchte ich ganz plötzlich im Hof auf. Zuerst achtete er gar nicht auf mich, als ob es ganz natürlich sei, daß ich hier war. Er fragte auch nicht, warum ich gekommen war, ob ich vielleicht Hunger hatte oder wie es den Meinen erging, aber nach einer Weile sagte er ganz gelassen: »Wenn du nicht sofort weggehst, muß ich dich beim Dorfältesten melden.« Ich brauchte keine weiteren Erläuterungen, es hieß: »Verschwinde, und je schneller, desto besser.«

Enttäuscht und etwas beängstigt ging ich fort, ohne auch nur ein Wort zu sagen, und machte wieder einen großen Bogen, um zum zweiten Nachbarn zu gelangen. Hier war mein Unternehmen komplizierter, denn er war ein unfreundlicher und mürrischer Mensch. Dafür wohnte bei ihm jeden Sommer eine litauische Familie aus Kaunas, die dort ihre Ferien verbrachte. Ihr Sohn war mein bester Spielkamerad gewesen, mit dem ich nicht wenige Bubenstreiche ausgeheckt hatte. Seine beiden Schwestern waren in Ditas Alter und eine sogar ihre Klassenkameradin. Wir trafen uns oft am Strand oder sonst, und wenn es regnete, pflegten wir auf unserer Veranda gemütlich zusammen Karten zu spielen. Allerdings wußte ich, daß sich unter dieser Höflichkeit eine Abneigung gegen Juden verbarg, aber das konnte man als eine allgemeine Einstellung, die in der litauischen Bevölkerung vorherrschte, hinnehmen. Wir waren daran gewöhnt. Und schließlich pflegten wir eine gute und freundliche Nachbarschaft.

Meine Absicht war, ein Mitglied der Familie irgendwie auf mich aufmerksam zu machen, ohne dazu aufs Gehöft kommen zu müssen. Das ging zu Anfang auch überraschend leicht. Als ich mich dem Hof durch den nahe gelegenen Hain näherte, bemerkte ich eine der Schwestern, die sich langsam auf einer Hängematte wiegte und in ein Buch vertieft war. Der Anblick stand in solch krassem Gegensatz zu unserem Schicksal, daß es mich einen Augenblick lang schmerzlich berührte. Ihm Ghetto herrschten Todesangst, Elend und Hunger, aber außerhalb des Ghettos ging das Leben weiter, als sei nichts geschehen. Die Menschen waren auf ihren Datschas, badeten in der Memel, bräunten sich in der milden nordischen Sonne und wiegten sich gemütlich in Hängematten. Ich stand wie angewurzelt ungefähr zwanzig Meter entfernt im Schatten der Bäume und schaute sie eine kurze Weile erstaunt an. Noch bevor ich einen Laut von mir geben konnte, spürte sie augenscheinlich meinen durchdringenden Blick, der auf ihr ruhte, denn sie hob plötzlich den Kopf und blickte direkt in meine Richtung. Was weiter passierte, konnte ich nicht voraussehen. Eine kurze Sekunde starrte sie mich an, als ob sie ihren Augen nicht glauben wollte, dann stieß sie ein lautes »Oh, Jesus Maria« aus, sprang auf, bekreuzigte sich mehrmals und lief, so schnell sie konnte, davon.

Ich war offenbar ein Gespenst – in ihren Gedanken schon längst tot, in den Gruben des Forts IX., nur meine Seele irrte hier herum und suchte Vergeltung. Vielleicht verspürte sie Schuldgefühle und war deshalb so erschrocken. Aber ich war es noch mehr! Ich begriff sofort, daß das ganze Gehöft gleich von dem »Spuk« erfahren würde, bekam kalte Füße und lief eiligst davon.

So endete mein Ausflug nach Katschergine, aber mein »Hasenabenteuer« war noch lange nicht zu Ende. Auf dem Rückweg wagte ich mich nicht mehr aus dem Wald, vermied Wege und Stege, ging quer über Hügel und Schluchten, auf und ab. Im Wald und in den Hainen standen dieselben Tannen und Fichten, und auf den Wiesen wuchsen dieselben Blumen, und dieselben Schmetterlinge schwebten herum. Ich sah das alles, aber ich nahm es nicht wahr. Ich hatte den ganzen Tag nichts gegessen, war enttäuscht, müde, erschrocken und niedergeschlagen. Ich mußte immer öfter anhalten und rasten. Die Stunden liefen davon, und die Sonne neigte sich gen Westen. Mehr und mehr kam mir ins Bewußtsein, daß ich die »Marviankabrigade« nicht mehr rechtzeitig erreichen würde und im Wald übernachten mußte. Trotz der Hochsommerzeit war es in den Nächten ziemlich kühl, und ich war nur leicht gekleidet. Nach einer gewissen Zeit, als ich wieder ein schmales Tal überqueren wollte, entdeckte ich ein kleines alleinstehendes Gehöft. Wenn ich nicht draußen übernachten wollte, mußte ich etwas unternehmen, und so klopfte ich an der Tür. Sie öffnete sich, und vor mir stand ein junger überraschter Mann mit einem freundlichen Gesicht. Hinter ihm sah ich eine schwangere Frau, die Hütte war ohne Diele, und die Armut schrie aus allen Winkeln. Ich bat um Übernachtung. Ohne etwas zu fragen, zeigte er auf die Scheune, die über einem kleinen Stall lag und zu der eine Leiter führte. Ich war müde, aber auch gespannt und hungrig und konnte eine Zeitlang nicht einschlafen. Als es draußen dunkler wurde, vernahm ich plötzlich leise Schritte. Sie kamen immer näher, und jetzt hörte ich jemanden behutsam die Leiter emporkommen. Ich hielt den Atem an. Warum kam er? Warum schleicht er sich so langsam empor? Was hatte er vor? Erschrocken verkroch ich mich im Heu und kauerte in der Nähe der Leiter, wo ich leichter die Flucht ergreifen konnte. Sein Schattenriß erschien langsam in der Öffnung. Er hatte etwas in der Hand, es war ein Eßnapf; er brachte mir etwas Suppe und ging so behutsam, um sie nicht auszuschütten!

Während ich erleichtert die Suppe löffelte, saß er schweigend neben mir und Tränen rollten über seine Wangen. Er sagte mir, wie leid ich ihm tue und wie sehr er bedauere, daß er mir nicht mehr helfen könne. Er hätte mich sogar versteckt, wenn er nicht für seine schwangere Frau hätte sorgen müssen und sie nicht so arm gewesen wären, daß sie sich selbst kaum ernähren konnten. Endlich war ich an jemand geraten, der den Namen Mensch verdiente, auch solche gab es in Litauen, gerade unter den Ärmsten, aber leider waren es nicht viele.

Diese abgeschiedene Einsiedelei und die so herzlichen Menschen waren ein idealer Platz, um sich zu verstecken, aber ich war zu jung und unerfahren, um diese Möglichkeit ernsthaft in Erwägung zu ziehen.

In der Wärme der Scheune und etwas gesättigt schlief ich sofort ein. Als ich am nächsten Morgen aufwachte, stand die Sonne schon hoch am Himmel. Ich bedankte und verabschiedete mich eilig und machte mich wieder auf den Weg. Kurz vor »Marvianka« stieß ich auf ein großes Mohrrübenfeld. Mein Glück hatte mich nicht ganz verlassen, die Möhren waren reif, und ohne viel nachzudenken, füllte ich meinen Rucksack bis zum Bersten voll. Am späten Nachmittag, als die Arbeitsbrigade wieder zurück ins Ghetto marschierte, gelang es mir ohne Schwierigkeiten, mich ihr anzuschließen.

Es war ein langer Weg, alle waren mit schweren Rucksäcken beladen, und es ging nur langsam voran. Plötzlich blieb die Brigade stehen. Von Mund zu Mund sprach sich herum, daß die vorbeikommenden Litauer den Brigadeführer vor einer unerwarteten Sperre der Gestapo auf der Brücke über die Memel gewarnt hatten. Das konnte nicht nur den Verlust der unter so viel Mühe und Gefahr erlangten Lebensmittel bedeuten, sondern man konnte auch verhaftet werden, was, wie schon erwähnt, lebensgefährlich war. Es wurde also beschlossen, Rast zu machen und abzuwarten. Stunden verstrichen, aber die Nachrichten über die Sperre kamen immer noch. Da man nicht mehr länger warten konnte, wurde der Entschluß gefaßt, die Rucksäcke in einem nahe gelegenen Feld zu vergraben und sie am nächsten Tag zu holen. Alle befolgten den Rat, auch ich. Dann aber bereute ich es. Nach alldem, was mit mir passiert war, war meine Ladung ein Trost, auf den ich nicht verzichten wollte. In letzter Minute lief ich zurück und nahm meinen Rucksack mit. Irgendwie verließ ich mich auf mein Glück, und im schlimmsten Fall konnte ich ihn immer noch von der Brücke in die Memel schmeißen.

Es war schon dunkel, als wir die Brücke erreichten. Ich steckte meine Hände unter den Riemen, bereit, die Last abzuwerfen, aber von der Sperre war keine Spur mehr zu sehen! Auch am Ghettotor war überhaupt keine Kontrolle mehr zu dieser späten Stunde.

Zu Hause angekommen, fand ich alle höchst besorgt wegen meines unerklärlichen zweitägigen Verschwindens. Aber die Freude um die mitgebrachte Beute beschwichtigte sie bald. Schließlich war ich zurück, und die Mohrrüben waren eine wunderbare Abwechslung. Besonders Mutter freute sich über die so wichtigen Vitamine. Obwohl ich nicht genau verstand, was es bedeutete, war ich auf meinen Beitrag sehr stolz und sehr zufrieden mit mir.

Aber dieses »Hasenabenteuer« genügte mir. Wer heil aus einem Abenteuer herauskommt, darf nicht zum zweiten Mal das Schicksal herausfordern. Erst viel später im Leben lernte ich das Sprichwort: »Ein Umsichtiger findet einen Weg aus dem Pech, in das ein Vorsichtiger sich von vornherein gar nicht begibt.«

Die Reise ins »Ausland«

Es verging keine Woche, ohne daß man von Erschießungen auf dem Fort IX hörte. Zuerst waren es einzelne, die man ohne den gelben Stern in der Stadt ertappte, weil sie zum Tauschen aus den Brigaden entwichen waren oder etwas von der Arbeitsstelle »mitgenommen« hatten. Der Hunger war ein schlechter Ratgeber. Dann wurde der »Sippenmord« eingeführt, und in manchen Fällen ereilte damit auch die nächsten Angehörigen dasselbe Schicksal.

Im Ghetto waren auch manche ausländische Juden hängengeblieben, die kurz vor Ausbruch des Krieges zu Familienbesuch gekommen waren. Sie und manchmal auch ihre Familien im Ausland intervenierten über das Rote Kreuz oder auf diplomatischen Wegen und verlangten ihre Befreiung. Das war ein tödlicher Fehler. Kein Zeuge der »Aktionen« und Massenmorde hatte die geringste Chance. Die Gestapo entledigte sich dieser Belästigung ohne weiteres in der gewohnten Weise auf dem Fort IX.

Eine dieser hängengebliebenen Familien waren unsere Nachbarn, der Dozent Schapiro aus Jerusalem samt seiner Frau und beiden Kindern, ein Sohn und eine Tochter, ungefähr in meinem Alter. Die Kinder sprachen miteinander hebräisch, eine mir damals unverständliche Sprache, hielten von den anderen Abstand und benahmen sich, als seien sie vom Mond heruntergefallen. Das waren sie auch. Die zwei schönen und jungen »Sabres«, d.-h. in Palästina geborene, jüdische Kinder, verstanden nicht, was sie hier sollten. Das schöne Mädchen gefiel mir, und ich versuchte, ihr zu imponieren, aber dann war die Familie eines Tages verschwunden. Wie ich erfuhr, wurde ihnen von der Gestapo verkündet, daß sie sich infolge der »erfolgreichen« Bemühungen ihrer Familienangehörigen zur Abfahrt ins Ausland melden sollten. Sie wurden, voll guter Hoffnungen, endlich aus dieser Hölle herauszukommen, von einem anständigen Gestapoauto abgeholt. Die Reise aber war sehr kurz ... was für ein schrecklicher Tod für diese jungen Geschöpfe, die gar nicht dachten, daß sie zu den Ghettojuden gehörten. In einem freien Land geboren zu werden und auf solch zufällig-tragische Weise sterben zu müssen, war herzzerreißend, und ich spürte lange Zeit Entsetzen und tiefes Bedauern.

Nicht weniger bedrückend war, daß man einige Male verlangte, gewisse Abschnitte oder Straßen des Ghettos in kürzester Zeit zu räumen, um sie einem ankommenden Übersiedlungstransport deutscher Juden zur Verfügung zu stellen. Diese Anordnungen wurden immer in großer Eile und großem Durcheinander ausgeführt. Die Beamten des Ältestenrats trafen alle nötigen Vorbereitungen, doch die Transporte kamen niemals an. Ihre Endstation war Fort IX.

In diesen Zusammenhang gehört auch die folgende tragische Episode. Einige Wochen nach der »Großen Aktion«, d.h. im November 1941, besuchte ich einen mir bekannten Jungen. Er wohnte in einem Häuschen direkt am Stacheldrahtzaun entlang des Wegs, der zum Fort IX führte. Eines Abends, als wir draußen waren, zog dort unerwartet eine Kolonne Menschen vorbei. Es waren ganze Familien, gut gekleidet, mit leichtem Gepäck und Rucksäcken. Einer von ihnen, der uns bemerkt hatte, rief uns zu und fragte in gutem Deutsch, ob es noch weit sei bis zum Ghetto Kaunas. Wir verstanden sofort, wohin die Leute geführt wurden. Wir wollten antworten, aber die Worte blieben uns im Hals stekken. Heute wissen wir, wer diese Menschen waren. Es war vermutlich der erste Transport zur »Übersiedlung nach dem Osten«, und es waren Münchner Juden aus dem Lager Milbertshofen.

Und das »Leben« im Ghetto ging weiter. Tausende arbeiteten beim Flugplatzausbau, Tausende in den Ghettowerkstätten und weitere Hunderte in den verschiedensten Heeresbau- und Versorgungsstellen oder in den für den Kriegseinsatz wichtigen Fabriken.

In der freien Zeit traf ich mich mit einigen Kameraden. Man sprach hauptsächlich über optimistische »Berichte« von der Frontlage. Radio und Zeitungen gab es selbstverständlich im Ghetto nicht, und sie waren, wie immer, mit Todesgefahr verbunden. Darum bestand alles nur aus Gerüchten. Wir wußten, daß der Blitzkrieg gescheitert war, daß das Voranstürmen der deutschen Truppen durch »General Winter« und »General Schlamm« aufgehalten wurde und daß die Rote Armee gewisse Erfolge hatte. In der rauhen Wirklichkeit des Ghettos brachten diese Nachrichten ein wenig Trost, und obwohl die Front noch sehr weit war, nährten sie die noch nicht ganz erloschenen Hoffnungen.

Dazu kam noch etwas, das mir durch Andeutungen meiner älteren Kameraden bewußt wurde. Die zeitweilige Atempause und eine gewisse

»Anpassung« an das Ghettoleben ermöglichten die Organisation einer Widerstandsbewegung. Das konnte in der allgemeinen feindlichen Umgebung nur durch Verbindungen zum litauischen kommunistischen Untergrund gelingen, dessen Ziel es war, der Roten Armee im Kampf gegen die Nationalsozialisten zu helfen. Für sie war das Ghetto nur eine Quelle zur Mobilisierung von Kämpfern für die antifaschistische Partisanenbewegung.

Unter Lebensgefahr und nach einigen Pannen wurden Verbindungen zu Partisanenabteilungen geschaffen. Diese waren nur dann bereit, Kämpfer aufzunehmen, wenn sie in voller Ausrüstung kamen, Gewehre inbegriffen. Wegen der enormen Hindernisse gelang es nur etwa 700 Jugendlichen aus dem Ghetto, zu den Partisanen zu stoßen. Etwa 100 von ihnen fielen im Kampf und auf dem Weg in die Wälder, unter ihnen, wie schon erwähnt, meine Klassenkameradin Irka Berman. Zudem bauten sie im Ghetto unterirdische Verstecke. Wie ich später von Dita erfuhr, war Judke einer der Anführer und militärischen Ausbilder der Widerständler.

Ich war noch nicht alt genug, aber allein schon, von diesen Aktivitäten zu wissen, hob meine Stimmung und spendete ein wenig Trost inmitten des bedrückenden Ghettolebens. Trotz der Feinde ringsherum, trotz der unmenschlichen Bedingungen, trotz der ungeheuren Schwierigkeiten leisteten wir Widerstand!

Ein Kind sagt »Keke«

Die Ghettopolizei spielte mit den deutschen Behörden ein Doppelspiel. Einerseits führte sie die Beschlüsse des Ältestenrats aus, der den Verordnungen der deutschen Behörden nachkam, etwa die Arbeitspflicht durchzuführen; sie war aber zur selben Zeit auch ein wesentlicher und unentbehrlicher Bestandteil der verschiedenen Überlebens- und Rettungsaktivitäten und unterhielt enge Verbindungen zur Widerstandsbewegung.

Es war die Ghettopolizei, die den »Import« von Produkten ins Ghetto ermöglichte, die uns vor dem Hungertod retteten. Dazu erfüllten sie eine nicht minder lebenswichtige Rolle beim »Export«. Sie ermöglichte, daß die für die Partisanen bestimmten bewaffneten Jugendgruppen das Ghetto verlassen konnten, und dazu kam noch ein nicht minder wichtiges »Exportobjekt«: Säuglinge und kleine Kinder. Sie wurden aus dem Ghetto herausgeschmuggelt und hilfsbereiten oder kinderlosen Litauern übergeben, die bereit waren, sie zu sich zu nehmen. Auf diese Weise wurde eine unbekannte Zahl von Kindern gerettet. Selbstverständlich konnten diese »Exporte« nur mit Hilfe der Ghettopolizei zustande kommen, die die »geschäftlichen« Verbindungen zu den Wachen unterhielt und wußte, wie es am besten zu arrangieren war. Ein besonderer Fall wurde mir von meiner Schwester Dita erzählt:

An einem dunklen Winterabend trug sie selbst die eineinhalbjährige Tochter von Judkes Bruder aus dem Ghetto heraus. Begleitet wurde sie von der anderen Tante des Kindes, die beim Tragen half, weil das Kind einfach auf den Händen, wie ein Bündel, durch das Ghettotor hinausgetragen wurde. Das geschah mit Absicht zu der Zeit, als die Arbeitsbrigaden zurückkamen und am Tor wie immer ein gewisses Durcheinander herrschte. Ihr Ziel war das litauische Waisenhaus »Lopschialis« (Die Wiege), dessen Verwalter, ein Arzt namens Baublys, der auf diese Weise mehrere Kinder rettete, auf sie wartete. Es wurde verabredet, das Kind zu einer gewissen Stunde vor das Eingangstor zu legen. Dita und Frida bedeckten die gelben Sterne auf ihren Mänteln und mischten sich unter den Menschenstrom der litauischen Bevölkerung, die von ihrer Arbeit nach Hause eilte. Zu dieser Stunde schien der Mond noch nicht, und in der Menge achtete keiner auf sie. Aber das Kinderheim lag in einiger Entfernung von den Wohnvierteln. Als sie dort hinkamen, waren sie ganz allein auf der Straße und vor dem Hintergrund des weißen Schnees und im Lichte des gerade jetzt hervorscheinenden Mondes deutlich zu erkennen. Als sie mit Herzklopfen zur verabredeten Zeit ankamen, sahen sie, daß ein sehr langer, umzäunter Steg zur Eingangstür führte. Dita wurde unsicher, und sie beschlossen, das Kind am Anfang des Steges zu lassen. Als sie es hinlegten, wachte das mit Arzneien eingeschläferte Kind auf, begann herumzukrabbeln und zu weinen. Sie liefen eiligst davon und kehrten unbehelligt mit einer vorbeigehenden Arbeitsbrigade zurück. Durch Graf Zubov, Judkes guten Freund, der mit Baublys bekannt war und die ganze Sache vermittelt hatte, erhielten sie die freudige Nachricht, daß die »Sendung« angekommen war und sogar schon von jemandem aufgenommen worden war.

Zu unserer Enttäuschung wurde das Kind nach einigen Tagen von einem litauischen Polizisten in die Hände der Ghettopolizei gegeben. Was war passiert?

Noch bevor Baublys es hatte zu sich nehmen können, war der Polizist am Waisenhaus vorbeigekommen. Er bemerkte den Findling und trug ihn selbst ins Waisenhaus. Dabei war er von dem niedlichen kleinen Mädchen so entzückt, daß er sich auf der Stelle einverstanden erklärte, es zu sich zu nehmen, was ihm von Baublys auch mit Freude gewährt wurde, da er dachte, daß es auf diese Weise am sichersten untergebracht sei. Aber das Kind, das noch nicht sprechen konnte, wußte doch schon einige Wort Jiddisch und, als es ein Lutschbonbon sah, sagte es »Keke« (kindlicher Ausspruch für »Zukerke«, in Jiddisch ein Bonbon). So kam der Verdacht auf, daß es ein jüdisches Kind sei, aber der Polizist war anständig genug, es ins Ghetto zurückzubringen.

Schließlich hatte diese Geschichte aber doch noch ein »Happy-End«. Frida fand jemanden, der willig war, das Kind aufzunehmen, und trug es wieder, dieses Mal in einem Rucksack, aus dem Ghetto. Sie selbst entkam und emigrierte nach der Befreiung mit dem Mädchen, dessen Eltern umkamen, nach Israel.

Großvater Josefs Päckchen

Das Ghettogelände wurde immer mehr verkleinert und die Bevölkerung mehr und mehr zusammengedrängt. Ganze Abschnitte mußten geräumt werden, und wir tauschten einige Male unsere Wohnung. Dita und ihr Mann wohnten jetzt unweit von uns, und wir hausten zu viert in einer Einzimmerhütte mit einer ganz kleinen Küche.

Das graue Ghettoleben zog sich dahin. Die Fronarbeit und der Existenzkampf verschlangen alle Kräfte. Jeder war in sich versunken, unterdrückte Verzweiflung oder hegte Hoffnung, je nachdem, ob die Gerüchte oder Nachrichten bedrückend oder ermutigend waren. Man lebte von einem Tag zum anderen, von einer Gefahr zur nächsten, von einer Schreckensnachricht zur kommenden, und man verdrängte, so gut man konnte.

Besonders erstaunlich war Großvaters Josefs Verdrängungskraft. Trotz allem Erlebten verschloß er sich vollständig vor der Wirklichkeit und wollte in keinem Fall glauben, daß die in den »Aktionen« abgesonderten Menschen nicht mehr lebten. In einem der seltenen Gespräche, das ich mit ihm beim gemeinsamen Holzsägen führte, verneinte er unbeugsam und sehr entschieden, daß so etwas möglich sei. »Ausschreitungen und Pogrome kommen schon vor, aber organisierte Vernichtung ist undenkbar.« Als ich ihn fragte, wohin denn die Menschen dann verschwunden seien, bestand er darauf, daß sie sich irgendwo in einem anderen Ghetto oder Lager befänden. Zuerst dachte ich, daß er mich beruhigen wollte, aber dann bemerkte ich zu meinem Erstaunen, daß er immer ein Säckchen mit für sein Alter unentbehrlichen Medikamenten bei sich trug. Er konnte ohne diese Arzneien nicht leben und hielt sie für den Fall einer nächsten »Aktion« bereit.

Schicksalhafte Entscheidungen

Tage und Monate vergingen zwischen bedrückender Angst und Hoffnung auf ein Wunder. So verflossen zwei Jahre, und wir lebten immer noch. Unterdessen änderte sich die Lage an den Fronten. Nach der Niederlage bei Stalingrad, die man nicht mehr verhehlen konnte, wurde allen klar, daß das Kriegsglück sich gewendet hatte.

»Gott ist mit uns« war auf den Schnallen der deutschen Soldaten eingeprägt. Gab es wirklich einen Gott, so zeigte er, nachdem das Wehgeschrei aus Millionen Kehlen ihn endlich erreicht hatte, den deutschen Streitkräften die kalte Schulter. Die Wehrmacht befand sich nun auf einem langsamen, aber unaufhörlichen Rückzug. Die Front näherte sich immer mehr, und mit ihr näherte sich die Entscheidung über unser Schicksal.

Im Ghetto nahm die Unruhe zu. Der Bau von unterirdischen Verstecken beschleunigte sich. Da die Litauer jetzt eher geneigt waren, Juden zu verstecken, mehrten sich auch die Versuche, aus dem Ghetto zu entkommen. Dita und ihrem Mann wurde von einem Freund, Graf Zubov, Zuflucht angeboten. Aber Dita konnte es nicht über sich bringen, uns unserem Schicksal zu überlassen, und Judke steckte bis über beide Ohren in der Widerstandsbewegung. Ehrenmann, der er war, wollte er seine Kameraden nicht im Stich lassen.

Auch die Nazischergen rüsteten sich. Einerseits beschleunigten sie die Vernichtungsaktionen. Wir hörten schreckliche Nachrichten über den Mord an Tausenden von Juden in verschiedenen kleinen Lagern um Wilna, die man unter dem Vorwand, daß man sie ins Ghetto Kaunas überführen würde, im Wald von Ponar umbrachte. Auch das Ghetto in Wilna wurde aufgelöst. Wer nicht in Ponar erschossen wurde, wurde in die grausamen Lager von Estland verschleppt, wo nur einzelne überlebten. Ich kenne nur zwei, die es geschafft haben, die Brüder Anolik, die sich in den Strohsäcken, die als Matratzen dienten, versteckten.

Andererseits versuchten die Nazis jetzt, die Spuren ihrer Verbrechen zu vertuschen. Auf dem Fort IX begann man die sterblichen Überreste der abertausend Ermordeten auszugraben und zu verbrennen. Der Himmel über dem Fort loderte nachts dunkelrot. Diese schreckliche Arbeit mußten jüdische Häftlinge zusammen mit sowjetischen Gefangenen verrichten.

Am Weihnachtsabend 1943 gelang diesen Häftlingen die Flucht. Darüber erzählte man im Ghetto folgendes: Die Menschen wußten wohl, daß man sie nach Ende der »Arbeit« als unerwünschte Augenzeugen nicht am Leben lassen würde, und waren zu jeder Tat bereit. Einer der sowjetischen Gefangenen war ein Offizier, der seinerzeit bei den russischen Forts im Ersten Weltkrieg mitgearbeitet hatte. Er wußte, wo unterirdische Tunnel gebaut wurden, durch die man das Gelände der Forts verlassen konnte. Ein anderer der Gefangenen, der Hilfsarbeiten verrichtete, schmuggelte kleine Eisensägen in die Zellen, mit denen sie ihre Fußfesseln so ansägten, daß man sie leicht zerbrechen konnte. Sie zersägten damit auch die Türschlösser. Am Weihnachtsabend, als den Wachen Schnaps zugeteilt wurde und sie angetrunken waren, gelang es ihnen, durch einen dieser Tunnel zu entkommen, und ihre Flucht wurde erst am nächsten Tag entdeckt, als sie schon weit weg waren.

Mit dieser Flucht war auch das größte Geheimnis des Ghettos verbunden: 13 der jüdischen Häftlinge gelang es, sich zurück ins Ghetto zu schleichen! Wohin sonst hätten sie auch gehen können? Sie wurden eilig mit dem nächsten Transport zu den Partisanen in die Wälder geschickt.

Musterung in hochglänzenden Stiefeln

Die Front rückte immer näher, immer öfter herrschte Fliegeralarm, aber das Ghettoleben ging wie üblich weiter, bis zu den grauenvollen Tagen des 27./28. März 1944.

Am Abend davor war Judke guter Laune. Er putzte seine Stiefel und erzählte, daß für die Ghettopolizei am nächsten Tag eine Musterung vorgesehen sei, bei der sie Instruktionen für die Luftabwehr erhalten sollten. Dazu bemerkte er, daß Göcke, der neue Kommandant des Ghettos, angeordnet hatte, daß sie mit hochglänzenden Stiefeln zu erscheinen hätten. Judke, der Offizier, fand diese Anordnung routinemäßig. Sie wirkte »wie üblich« und verscheuchte jeden Verdacht ...

An diesem schrecklichen Tag stand ich etwas später auf. Wir wohnten unweit der Werkstätten, und ich wollte gerade dort hinlaufen, als Dita erschrocken an der Tür erschien. Eben war ihr die schreckliche Nachricht überbracht worden, daß die gesamte Ghettopolizei verhaftet worden war und daß eine »Aktion« bevorsteht. Großvater, Berta und ich versteckten uns sofort in dem kleinen Keller, der sich unter der Küche befand. Dita deckte die Öffnungsklappe mit einem alten Teppich ab und lief selbst weg. Nach einer Stunde etwa kam sie wieder zurück mit der Nachricht, daß die »Aktion« gegen Ältere und Kinder unter 12 Jahren, d.-h. gegen die nicht Arbeitenden, gerichtet sei und es darum besser wäre, wenn ich noch in die Werkstätten laufen könnte, was ich denn auch tat.

Bange Stunden verstrichen. Alle Werkstättenräume wurden mehrmals von SS-Leuten kontrolliert. Als es etwas ruhiger wurde, ging ich auf den Hof, um mich umzuschauen, und bemerkte, daß einige Leute über den Zaun in Richtung unserer Straße spähten. Ich schloß mich ihnen an, unser Häuschen war in Sichtweite, und gerade in dem Moment, als ich hinschaute, sah ich zu meinem Entsetzen, wie Großvater und Berta herauskamen und auf einen Lastwagen, der dort bereitstand, gestoßen wurden. Von Grauen erfaßt lief ich in die Räume zurück. Dieser Anblick ist für immer in meinem Gedächnis eingebrannt geblieben: Großvater und meine liebe Tante Berta, zwei gejagte und erschrockene Gestalten auf ihrem letzten Weg …

Noch furchtbarer war, was ich später erfuhr. In der nächsten Straße wurde der zweijährige Sohn von Lena, meiner Kusine, aus ihren Händen gerissen, und auf denselben Lastwagen, auf dem sich schon Großvater befand, geschmissen. Er nahm den kleinen Abele in seine Arme, und so kamen sie zusammen, der Großvater und sein Urenkel, zu den Gruben der Einsatzkommandos. Heute, da ich selbst schon Großvater bin, denke ich manchmal bedrückten Herzens daran: Flüsterte er ihm vielleicht in den letzten Sekunden in sein kleines Ohr, daß es nur ein Alptraum sei, während ihm das Herz in der Brust zersprang?

Mein Schmerz und mein Entsetzen steigerten sich noch mehrfach, als ich am Abend erfuhr, daß die gesamte Ghettopolizei auf das Fort IX gebracht worden war. Ich liebte Judke, den selbstbewußten, schönen und stolzen jüdischen Mann, er war mein Vorbild. Jetzt war er auf dem Fort IX, und das Ghetto war voll vom Jammern der Mütter und dem herzzerbrechenden Weinen der Väter, die am Abend vom Arbeitseinsatz zurückkehrten und ihre Kinder nicht mehr fanden.

Erstaunlicherweise wurde ein Teil der Ghettopolizei zurück ins Ghetto entlassen. Aber Judke und mit ihm weitere 40 höhere Ränge blieben für immer im Fort. Die Zurückgekommenen erzählten von seinem tapferen Verhalten. Als er nach Folter und Verhör zerschlagen und blutig in die Zelle zurückkehrte, rief er sie mit seinen letzten Kräften auf, die unterirdischen Bunker, wo sich Ältere und Kinder verborgen hielten, nicht zu verraten, und ging, sein geliebtes hebräisches Lied singend, in

Jehuda und Dita im Ghetto Kaunas
im Februar 1944. Einen Monat später
wurde Jehuda im Fort IX erschossen.

den Tod. »Das ist das Lied, es gibt kein anderes, kein anderes gibt es nicht für immer ...« Und wir lebten weiter ...

Für Arbeitsplätze der Wehrmacht, die sich in zahlreichen Vierteln der Stadt befanden, waren besondere Arbeitslager eingerichtet. Einer von ihnen befand sich im Vorort Schanzai und war für die dort herrschenden verhältnismäßig leichteren Lebensumstände bekannt. Dita und Mutter, die den jüdischen Lagerführer kannten, beschlossen zu versuchen, in dieses Lager hinüberzukommen. Sie wollten die Umgebung wechseln, um auf diese Weise den Schmerz über den Verlust zu lindern; sie dachten auch, daß wir dort besser geschützt seien. So begann eine neue, wenn auch kurze »Lebensperiode« im Lager Schanzei. Das Lagerregime dort war sehr locker. Zwar schlief man in großen Gemeinschaftsräumen auf zweistöckigen Holzpritschen, aber Männer und Frauen blieben zusammen. Man hängte einige Decken auf, um einen Schlafraum abzugrenzen, und in jeder dieser Kabinen hausten Paare. Wer nicht verheiratet war, fand sich schnell zusammen. Unter diesen Umständen schrumpfte die Zeit zusammen, und, was im normalen Leben Monate und Jahre dauert, geschah hier in wenigen Tagen. Die Lebensaussichten waren kurz ...

Das Fort IX in Kaunas heute.

Auch Dita hatte einen neuen Verehrer, der in sie verliebt war. Sie waren nur drei Monate zusammen, aber das war mein Glück, denn Ditas neuer Verehrer trug später viel dazu bei, mir das Leben zu retten. Dita und Mutter arbeiteten in einer Wehrmachtsküche. Ich bekam gutes Essen, mußte zwar beim Schaufeln hart arbeiten, trainierte und stärkte jedoch auf diese Weise meinen Körper, was mir dabei half, die bevorstehenden Ereignisse zu überleben.

Im April 1944 kamen wir nach Schanzei, und im Juli wurde das Lager evakuiert. Die Front war schon ganz nahe. Als wir aus dem Lager hinausmarschierten, konnten wir nicht wissen, wohin der Weg führte. Zwar sagte man, daß wir zur Evakuierung zum Bahnhof geführt würden, aber die Glaubwürdigkeit solcher Meldungen war natürlich nicht besonders groß. Ein Zwischenfall ereignete sich, als wir auf der Brücke über die Memel gingen, die hoch über den Fluß gezogen war. Ein älterer Mann, der neben mir ging, schwang sich plötzlich auf die Brüstung und sprang hinunter in die Memel. (Wie man später erzählte, war er auf diese Weise aus der Gefangenschaft im Ersten Weltkrieg entkommen.) Es war eine Verzweiflungstat. Zwar gelang ihm der Sprung, und wir sahen ihn schwimmen, aber auf beiden Ufern des Flusses lagerten zu dieser Zeit Soldaten der abrückenden deutschen Kräfte. Eine Kanonade von Schüssen prasselte in den Fluß. Er hatte keine Chance.

Wir wurden zum Bahnhof geführt und in Güterwagen zusammengepfercht. Der Zug setzte sich in Bewegung. Wohin rollten die Räder? Was erwartete uns an der Endstation? Waren wir unterwegs nach Auschwitz?

Räder müssen rollen für den Sieg

Es war das erste Mal, daß ich das Wort Auschwitz hörte. Es gab im Ghetto zwar Nachrichten (von der polnischen Widerstandsbotin Irena Adamowicz überbracht), die waren aber so entsetzlich, daß man darüber schwieg und sie nicht weiterleitete, es gab auch so genug schauerliche Ereignisse im Ghetto. Doch in dem von außen verriegelten Güterwaggon, der auf den Schienen irgendwohin dröhnte, wurde dieses Wort plötzlich am häufigsten erwähnt. In der schwülen, stickigen Luft unseres rollenden Gefängnisses schwebte die schicksalsvolle Frage: Führt unser Weg nach Auschwitz?

Durch die kleine Luke versuchte man die Namen der vorbeiziehenden Stationen zu erkennen und so die Richtung unserer Fahrt zu erraten. Solange wir durch litauisches Gebiet rollten, hatten wir keine Ahnung, wohin es ging, aber die jungen Burschen, die sich in unserem Waggon befanden, wollten nicht warten. Einem von ihnen gelang es, sich durch die kleine Öffnung hindurchzuwängen. Er hing draußen, während die anderen ihn an den Füßen hielten, und schaffte es, die Stange, mit der die Schiebetür verriegelt war, herauszuziehen. Die Schiebetür war nicht mehr verschlossen!

Der Zug rollte durch den südlichen Teil Litauens, wo sich in den Wäldern anscheinend die Roten Partisanen befanden. Waren sie weit oder nah, konnte man zu ihnen gelangen, waren sie bereit, die Leute ohne weiteres aufzunehmen? Keiner konnte es wissen.

Die Schiebetür wurde ein wenig zur Seite geschoben, ein Spalt entstand, und als sich die Geschwindigkeit in den Kurven verlangsamte, sprangen die jungen Burschen aus dem fahrenden Zug. Mutter ermunterte uns: »Springt, Kinderchen, rettet euch!« Warum taten wir es nicht?

Ich versuche heute zu verstehen, was mich davon abhielt. Ich spürte keine Angst vor dem Sprung, aber es war ein Weg ins Unbekannte, ein Sprung aufs Geratewohl. Doch der Hauptgrund war, so denke ich jetzt, daß ich sehr an meinen Angehörigen hing. Auch Dita blieb im Zug. Sie war bereit zu springen, wollte aber Mutter nicht allein lassen. Dita rettete Mutter in Stutthof wie auch auf dem Todesmarsch und half ihr auch nach der Befreiung.

Der Zug ratterte weiter durch die einfallende Nacht, und wir saßen dicht aneinandergedrängt, unserem Schicksal ergeben. Am nächsten Tag hielt er an. Die Türen wurden aufgeschoben, und wir mußten aussteigen. Die Aufschrift auf dem Bahnsteig lautete: STUTTHOF.

Wir befanden uns also in Ostpreußen. Es war nicht die Route, die nach Auschwitz führte.* Doch die Erleichterung darüber währte nur einige Minuten. Der nächste Befehl war: Frauen bleiben hier! Männer wieder einsteigen!

Die Trennung kam plötzlich und überraschend. In dem Gedränge, unter den Drohungen der Wachen, dauerte der Abschied nur Sekunden. Ich brachte es nicht übers Herz, mich zu verabschieden, und nur der traurige Blick verriet unsere Gedanken: Ist es das letzte Mal? Ist es für immer?

Wir stiegen ein, die Türen wurden wieder zugeschoben und verriegelt. Die Schreckensfahrt, ohne Trinkwasser, ohne Verpflegung und, was das Schlimmste war, ohne austreten zu können, wurde fortgesetzt, und das monotone Aufschlagen der Räder ging unaufhörlich weiter. Tage und Nächte vergingen. Ich spürte keinen Hunger und hatte keinen Durst. Meine Gefühle waren wie abgestumpft. Nach tagelanger Fahrt hielt der Zug an, und man ließ uns austreten.

Wir befanden uns in Fulda, auf einem unübersehbaren Gelände von auseinanderlaufenden und sich durchkreuzenden Eisenbahnschienen. Schienen, nur Schienen, sonst war weit und breit nichts zu sehen. Über diesen gewaltigen Eisenbahnknoten war von einer Seite zur anderen eine riesige Aufschrift angebracht: »RÄDER MÜSSEN ROLLEN FÜR DEN SIEG«. Und sie rollten mit ihrer Menschenfracht nach Auschwitz, nach Stutthof, nach Dachau und in andere Vernichtungsstätten. Wohin rollten unsere Räder?

Ihr Arschlöcher

Nach weiterer Fahrt hielt der Zug an einer wenig ansehnlichen Station. »Alle aussteigen!« Nach einem Fußmarsch erreichten wir ein mit Stacheldraht und Wachtürmen gesichertes Lager. Unter dem Gebrüll: Los! Schnell! Schnell! und den Stockhieben, die auf uns niedergingen, wurden wir wie eine Herde durch das Lagertor getrieben. Es dauerte nicht lange, und wir standen auf dem Appellplatz in gestreifter Häftlingskleidung und Holzschuhen, alles Persönliche, das wir noch hatten, war uns abgenommen worden. Ein untersetzter SS-Mann stellte sich vor uns auf

---

* Daß Stutthof selbst ein Vernichtungslager mit Gaskammer und Krematorium war, konnten wir nicht wissen.

und »begrüßte« uns: »Ihr Arschlöcher ...« Es war der Lagerkommandant, und wir befanden uns im KZ Kaufering 1.*

Noch am selben Tag wurden wir auf die Erdhütten verteilt. Es war ein Graben, der mit einem Giebeldach überdeckt wurde, in dessen Mitte eine Vertiefung, die als Durchgang diente, ausgehoben war, so daß auf beiden Seiten eine Art »Regale«, in denen ein Mensch der Länge nach gerade Platz hatte, entstanden. Das Ganze war mit Brettern beschlagen, und wir lagerten in zwei langen Reihen auf den bloßen Holzpritschen, ausgestattet lediglich mit zwei schäbigen Decken. Es gab keine Duschanlagen, und die Wäsche wurde nicht gewechselt. So dauerte es auch nicht lange, und wir waren alle verlaust.

Die plötzliche Trennung von den Frauen, die lange, bedrückende Fahrt und der schroffe Übergang vom Ghettoleben in das KZ-Regime versetzten uns in einen Schockzustand. Aber nicht alle ergaben sich gleichgültig in ihr Schicksal. Einige überblickten sehr schnell die Situation. Noch bevor wir verstanden, was mit uns geschah, schafften sie sich schon Verbindungen zu den deutschen Lagerfunktionären und wurden zu Kapos ernannt. Unter ihnen befanden sich einige Sadisten, die jetzt die Gelegenheit hatten, uns zu schikanieren und zu schlagen. Die anderen waren Leute, die eine Überlebenschance suchten. Sie erfüllten die ihnen auferlegten Funktionen, aber benahmen sich dabei mehr oder weniger erträglich und waren manchmal auch behilflich, soweit es möglich war.**

Zu diesen gehörte auch Ditas Verehrer, dessen Bruder es fertigbrachte, Küchenkapo zu werden und auch seinen Bruder »einzuordnen«, der vieles tat, um mir zu helfen. Ohne ihn hätte ich keine Aussichten gehabt, zu überleben; mein Glück hatte mich nicht verlassen. Mit seiner Hilfe gelang es mir sehr oft, bei der Suppenverteilung ein zweites Mal dranzukommen, und er war es auch, der mich in die Reihen der Arbeitsbrigade stellte, die für die Zementhalle bestimmt war. Das zwölfstündige Tragen

---

* Um das Dorf Kaufering, bei Landsberg am Lech, wurden zwischen Juni und Oktober elf Außenlager des KZ Dachau errichtet. In diesen Lagern wurden insgesamt 28 000 Häftlinge registriert. Davon kamen durch den schrecklichen Hunger, die schwere Arbeit und die Mißhandlungen mehr als die Hälfte um. Unzählige andere fielen dem nachfolgenden Todesmarsch zum Opfer.

** Einmal war ich selbst Zeuge solcher Hilfe bei einem Häftling, der von der SS zu 25 Stockhieben verurteilt worden war. Die ausführenden Kapos ermöglichten ihm, eine Decke unter die Bekleidung zu schieben, so daß er trotz der augenscheinlich starken Hiebe heil davonkam.

und Stapeln von Zementsäcken war keine leichte Arbeit, aber es gab noch einen viel schlimmeren Arbeitsplatz: Im Iglinger Wald, bei Landsberg am Lech, wuchs ein Betonmonstrum, das unendliche Wagenladungen Zement verschlang und Tausende von Menschenleben fraß ...

Die Maulwurfshöhle

Nach dem Zählappell vor dem Morgengrauen und am Abend marschierten wir zur Arbeit, und wehe dem, der beim Hinausgehen und beim Zurückkehren beim Kommando »Mützen ab« diese nicht schnell genug vom Kopf zog.

Die Arbeitsstelle, an der wir eingesetzt waren, befand sich in einem großen und dichten Tannenwald, zu dem wir einen ziemlich langen Weg zurücklegen mußten. Wie erwähnt hatten wir Zementsäcke auszuladen und zu stapeln, die in langen Zügen ununterbrochen ankamen. Das ging zwölf Stunden lang so, Tag und Nacht. Vor allem eine Szene ist mir besonders im Gedächtnis geblieben: Im Zementstaub liegt ein Häftling. Sein Gesicht, Mund, Nase und Augen sind voll mit Zementpulver, er ist daran bereits erstickt und atmet nicht mehr. Über ihm steht ein OT-Mann[*] und schlägt mit einem Stock noch immer wütend auf ihn ein ...

Zurück im Lager bekam man zu dem erbärmlichen Morgenbrot noch etwas, das sich Suppe nannte, die mit der Zeit immer dünner wurde. Dann legten wir uns erschöpft auf unsere Bretterlager, mit einer Decke, in der auch noch die Läuse auf ihren Anteil an unserem Blut warteten.

Die Verpflegung stand in keinerlei Verhältnis zu unserem Arbeitsaufwand und den miserablen Lebensumständen. Nur wenige Wochen verstrichen, und man konnte eine erschreckende Erscheinung bemerken: Seltsame, in Decken eingehüllte, völlig ausgemergelte Gestalten wankten im Lager herum. Ihre Körper waren so ausgezehrt, daß sie fast einem Brett glichen. Unter der Decke konnte man die klotzähnlich angeschwollenen Füße sehen, die nicht mehr in die Hosen und Holzschuhe hineinzuzwängen waren, und ihre eingefallenen Augen hatten einen leeren, ziellos

---

[*] Abkürzung für »Organisation Todt« (nach dem Ingenieur Fritz Todt). NS-Bau-Organisation, die insbesondere mit kriegswichtigen Bauten befaßt war. Die OT-Männer trugen Uniformen und eine Armbinde mit Hakenkreuz. Jeder gewöhnliche OT-Vorarbeiter, den wir mit »Meister« anzusprechen hatten, trug einen Stock bei sich und war Herr über Leben und Tod. Hier und da fanden sich unter ihnen auch andere, die sich anständiger benahmen und manchmal ihren Arbeitssklaven nach Möglichkeit etwas Hilfe leisteten.

Luftaufnahme des Lagers Kaufering 1, Außenlager des KZ Dachau.

herumirrenden Blick. So lernten wir einen neuen Begriff des SS-Deutsch: »die Muselmänner«. Jeden Morgen wurden mehrere von ihnen todesstarr aufgefunden und auf Karren, mit herabhängenden Körperteilen, in eine unweit des Lagers ausgehobene Grube geschoben. Und trotz des vielen Sterbens wuchs die Zahl der Muselmänner immer weiter an.

Die hohe Sterberate beunruhigte die SS nicht – ihre Sklavenbestände verringerten sich nicht. Zuerst kamen wir, die Reste aus den litauischen Ghettos in Kaunas und Schauliai. Dann kamen immer neue Transporte aus Auschwitz. Die ungarischen, polnischen und griechischen Juden ergänzten die ausfallenden Arbeitshände, so daß die Vernichtung und die Ausbeutung gleichzeitig stattfinden konnten.

Ich war sehr besorgt und erschrocken. Auch wenn ich hie und da noch eine Extra-Portion Suppe erhielt, stand die Bilanz nicht zu meinen Gunsten. Was konnte ich tun?

Ich hatte keine Möglichkeit, meine Verpflegung aufzubessern, aber vielleicht konnte ich meine Kräfte sparen, und so begann ich eine Taktik der Selbstschonung zu entwickeln, die zwar mit großer Gefahr verbunden war, aber die Aussicht, eines Muselmanntodes zu sterben, war noch viel erschreckender.

In dieser Hinsicht kamen mir die Nachtschichten entgegen. Fast jede Nacht gab es Fliegeralarm, und über uns dröhnten die mit Bomben schwer beladenen alliierten Flugzeuge, die mit ihrer tödlichen Last unterwegs nach München oder anderen Städten waren. Das Licht ging aus, und wir konnten uns eine schöne halbe Stunde Ruhe gönnen. In diesen Fällen kroch ich nach oben und legte mich auf die fast bis zum Dach aufgestapelten Zementsäcke, die offenbar geradewegs vom Förderband kamen und noch einen Teil der Produktionswärme enthielten. Hier oben waren keine Lampen angebracht, und es war ziemlich dunkel. So kam

Halbunterirdische Häftlingsbaracken
im Lager Kaufering.

mir der Gedanke, mir dort ein Versteck zu schaffen, in dem ich auch nach dem Alarm bleiben konnte. Es war keine große Kunst, ich brauchte dazu nur einige Bretter, die hier nicht schwer aufzutreiben waren und die ich im Schutz der Verdunkelung nach oben beförderte. Jetzt blieb mir nur noch, einige Zementsäcke auszuheben, die entstandene Vertiefung mit Brettern abzudecken und dann die Zementsäcke zurückzulegen. Kurz, ich baute mir eine »Maulwurfshöhle« und blieb dort nach den Fliegeralarmen weiter liegen. Zuerst war ich angespannt und schlief nicht ein, aber mit der Zeit fühlte ich mich immer sicherer, bis es eines Nachts geschah ...

Ich erwachte im jähen Schrecken. Von draußen konnte ich ein schwaches Morgenlicht bemerken, und die Zementhalle war menschenleer! In größter Not schlich ich mich in den umliegenden Wald und erspähte unsere Brigade, die unweit in Fünferreihen dastand, während die Kapos und die Wachen herumliefen und immer wieder die Reihen zählten! Kein Wunder, daß die Zahl nicht stimmte. Als der Wachmann sich etwas entfernte, kam ich seitwärts aus dem Wald gelaufen, während ich meine Hosen mit der Hand festhielt, als ob ich zum Austreten gegangen wäre. Der Häftlingskapo, der mich bemerkte, stieß mich in die Reihen und verlangte, fluchend und schreiend, daß wir uns endlich richtig auf-

Innenaufnahme einer Häftlingsbaracke.

stellen sollten, »wenn wir hier nicht den ganzen Tag bleiben wollen«. Die Zählung begann aufs neue, und endlich stimmte das Ergebnis.

Meine Leidenskameraden waren mir natürlich sehr böse, wegen mir hatten sie teure Ruhezeit verloren, und ich spürte unterwegs ihre vorwurfsvollen Blicke, aber auch ohne das war ich sehr erschrocken; das Ganze hätte viel, viel schlimmer enden können ... Fortan benutzte ich die Maulwurfshöhle nicht weiter und suchte nach anderen Möglichkeiten.

Wie erwähnt befand sich die ganze Baustelle in einem dichten Wald, und so beschloß ich, mich in den Nachtschichten von Zeit zu Zeit in den Wald zu begeben, wo ich mich ausruhen konnte. Das Rauschen der Blätter, der Geruch des Mooses und des morschen Holzes waren mir erfreulich bekannt und erinnerten mich an die glücklichen Kinderjahre. Der einzige Nachteil war, daß man wegen der Kälte nicht lange im Wald bleiben konnte. Ich mußte immer wieder zurückkehren, um mich beim Tragen der noch warmen Zementsäcke ein wenig aufzuwärmen. Dieses Hin und Her war gefährlich und konnte nicht lange so gehen.

Himmel und Hölle

Eines Abends, als wir vor dem Abmarsch der Nachtschicht wie immer beim Appell standen, erschien Ditas Freund. Er führte mich zu einer kleinen, etwas abseits stehenden Gruppe. Sie sahen alle verhältnismäßig gut aus, und ihre Gesichter waren nicht so mürrisch und eingefallen wie bei den anderen. Als wir in den Wald kamen, bogen wir irgendwo ab und gingen eine ziemlich große Strecke auf einem Pfad bis zu einem kleinen Holzschuppen. Auf dem eisernen Ofen stand ein Topf mit Kartoffeln! Sie grüßten den OT-Mann wie einen alten Bekannten und setzten sich gemütlich um den warmen Ofen. Die ganze Erscheinung war so außerordentlich, daß in mir sofort die Erinnerung an die »Hasenbrigade« im Ghetto hochkam. Nachdem sie sich aufgewärmt hatten, gingen sie alle zu irgendeiner Arbeit hinaus und überließen es mir als dem Jüngsten, auf die Kartoffeln aufzupassen. Soll ich meine Wonne, die ganze Nacht am warmen Ofen zu dösen und dazu noch Kartoffeln zu essen, noch weiter erläutern? Es gab keinen Zweifel, ich befand mich im Himmel ...

Man kann sich mein Entsetzen vorstellen, als ich beim nächsten Abendappell meine neue Brigade nicht vorfand! Sie war einfach verschwunden! Zurück in der kalten und öden, mit Zementstaub bedeckten Halle, war ich wie ein aus dem Himmel gefallener, bis in die tiefste Seele frustrierter Engel, der alles zu tun bereit war, um wieder in den Himmel zu gelangen. Man sagte, die Brigade sei aufgelöst worden, aber ich wollte es nicht glauben. Vor meinen Augen stand die gestrige Märchenhütte, und es zog mich mit einer unwiderstehlichen sehnsüchtigen Kraft dorthin. Ich wollte zurück in den Himmel und verdrängte gänzlich jeden Gedanken an die wirkliche Todesgefahr, die damit verbunden sein konnte. Ich mußte zeitweilig meinen gesunden Menschenverstand verloren haben. Wie in Trance schlich ich in den Wald und machte mich auf den Weg.

Es war eine dunkle Winternacht, und ich irrte in der vermuteten Richtung herum. Nach einer gewissen Zeit erspähte ich in der Finsternis ein aufflackerndes kleines Licht und ging dorthin. Vor mir stand derselbe oder zumindest ein ähnlicher Schuppen. Jedenfalls befand sich niemand darin, im Ofen knackte das brennende Holz, und auf ihm stand, genau wie gestern, der Kartoffeltopf! Ohne jedes Bedenken, als ob ich hier zu Hause wäre, trat ich ein und setzte mich an den Herd. Die Wärme betörte mich, und ich dachte, mich ein wenig aufzuwärmen.

Das nächste war, daß ich aus einem tiefen und süßen Schlaf aufgeschreckt wurde. An der Tür stand ein SS-Hüne, und seine Stimme donnerte: »Na, was machst du denn hier?!« Vor Schreck und Entsetzen war ich mit einem Schlag hellwach geworden und hatte meinen normalen Menschenverstand wieder gefunden, aber jetzt war guter Rat teuer, und merkwürdigerweise bohrte auch in mir dieselbe Frage: Was mache ich eigentlich hier? Ich war gelähmt wie ein Kaninchen, das in die Augen einer Schlange starrt, und konnte keinen Laut herausbringen. Was hätte ich auch sagen können?

Es war wie immer mein unglaubliches Glück oder mein Schutzengel, der plötzlich den Blick des Hünen auf die Kartoffeln lenkte! »Wasss? Kartoffeln??« Mit einem Satz war er beim Ofen, faßte den Topf mit seinen Handschuhen und lief wütend nach draußen. Das war meine Gelegenheit. Ich folgte ihm fast auf den Fersen, bog ab und lief in Panik durch den stockfinsteren Wald. Ich lief unablässig, aber plötzlich war der Wald zu Ende, und ich befand mich auf einer gewaltigen, hell beleuchteten Lichtung, in deren Mitte sich ein mächtiger Betonberg wölbte. Ich war auf die berüchtigte Baustelle geraten. Es gab kein Zurück und auch keinen Umweg. Um jeden Verdacht zu vermeiden, mußte ich weiter vorwärtsgehen. Wie damals auf dem Weg nach Vilkija, vor der zweiten Brücke, zwang ich mich zu einem mäßigen Schritt, als ob jemand mich irgendwohin geschickt hätte. Dabei zeigte sich mir, wie in einem Panorama, die ganze Baustelle: Im grellen Scheinwerferlicht ragte ein mit Eisenarmierungen bedeckter Berg auf, der – einem Ameisenhaufen ähnlich – mit gebückten und emsig schuftenden gestreiften Kreaturen übersät war. Das Brüllen der Aufseher und das laute Stöhnen der Geschlagenen vermischten sich mit dem Rattern der Maschinen, und die grellgelbe Farbe des Lichts verlieh dem Ganzen ein dämonisches, unirdisches Aussehen einer verhexten Welt. Es war der Sklavenstaat im Kern seines Wesens, so sah die Hölle aus. Wie lang konnte man bei der schrecklichen Unterernährung hier standhalten? Jetzt verstand ich, woher die Muselmänner, die ich im Lager sah, kamen! Sie waren die Opfer dieses Betonmonstrums, das unaufhörlich wuchs und von einem ihm gleichenden Leichenberg begleitet war.

Im Lärm und Getümmel kümmerte sich keiner um den Häftling, der langsam vorbeitrödelte. Ich kam ungestört zurück in den Wald bei der Zementhalle, schlich mich in die Häftlingsreihen und trug weiter Zementsäcke, die sicher schwerer waren als mein eigener Körper zu dieser Zeit.

Der Morgen dämmerte, und wir kehrten zurück ins Lager. Ich wollte gerade noch einmal in die Suppenreihe, als ein Häftling mir zuvorkam. Aus dem Schatten einer Wand löste sich unerwartet die Gestalt des ge-

Arbeit für die Rüstungsindustrie
im Lager Kaufering.

fürchteten stiernackigen Lagerkapos. Wild und unablässig schlug er mit einer sadistischen Wucht auf den Unglücklichen ein, obwohl der schon längst erschlagen auf der Erde lag. Entsetzt suchte ich das Weite, rannte in meine Erdhütte, legte mich hin und schlief vor Müdigkeit und Erschöpfung trotz des eben Erlebten schnell ein. Die Läuse, die mein Blut saugten, fühlte ich nicht. Ich träumte von einem sonnigen Sommertag auf der Datscha. Ruhig strömte die Memel vorbei ...

Ich habe von der »Kartoffel-Brigade« nichts mehr gesehen und gehört. Es dünkt mich, daß Ditas Freund mir etwas über die Auflösung der Brigade erzählte. Sie war zu gut, um in dieser Hölle weiter zu bestehen.

Was wird aus den Duschen strömen?

Die Tage vergingen. Die Westfront rückte immer näher. Aber der längst verlorene Krieg wurde noch immer weitergeführt. Die OT-Männer sprachen jetzt, mit einem etwas skeptischen Unterton, über die von Hitler versprochene Wunderwaffe, die das Kriegsglück noch wenden sollte, aber keiner von uns wußte, daß ausgerechnet wir es waren, die den Bunker für die Produktion dieser Wunderwaffe, das erste Düsenflugzeug der Welt, bauten. Alle Messerschmitt-Fabriken waren ausgebombt, und wir waren Hitlers letzte eitle Hoffnung. Entsprechend wurden wir auch belohnt ... Die OT-Aufseher und Vorarbeiter fragten auch manchmal, wer unserer Meinung nach den Krieg gewinnen werde, »ihr klugen Juden wißt doch sicher Bescheid« (natürlich, wir verwalteten doch die Welt). Aber wir zuckten nur mit den Achseln.

Je mehr Zeit verging, desto schlimmer wurde das Sterben. Der mörderische Hunger und das unmenschliche Schuften waren eine tödliche Kombination. Das nahm solche Ausmaße an, daß man jetzt ein besonderes »Krankenlager«, besser gesagt: Sterbelager, für die immer weiter anwachsende Zahl der zugrunde gerichteten Häftlinge einrichten mußte. Wer ins Lager IV kam, bekam eine Sterberation und hatte fast keine Aussichten mehr.

Obwohl ich mich noch wie früher zum kurzen Ausruhen in den Wald schlich und manchmal das zweite Mal in die Suppenreihe kam, wurde ich immer magerer ... Aber dann brach im Lager die Flecktyphus-Epidemie aus! Die Behörden erschraken. Wir arbeiteten in nächster Nähe zu den deutschen Vorarbeitern, und die Läuse unterschieden nicht zwischen dem arischen und dem jüdischen Blut, beides hatte dieselbe rote Farbe, und es schmeckte ihnen genauso gut. Eine Quarantäne und Ausgangssperre aus dem Lager wurden verkündet. Die Zählappelle verringerte man auf das Nötigste, und wir konnten den ganzen Tag lang dösen oder schlafen und standen nur zur Suppenverteilung auf.

So vergingen zwei Wochen, in denen auf dem nahe gelegenen Hügel aus Brettern eine Entlausungsanstalt zusammengehämmert wurde. Man fragte sich besorgt, ob wirklich Wasser aus den Duschen strömen würde. Es strömte. Das Gas war diesmal nur für die Läuse in den verklebten Erdhütten bestimmt. Wir zogen uns auf einer Seite der Dusche aus, durchliefen das Haareschneiden und Rasieren der intimsten Körperteile, durften uns wirklich duschen und kamen auf der anderen Seite nackt auf das mit Schnee bedeckte Feld, wo neue Bekleidung für jeden von uns bereitlag. Wir bekamen auch neue Decken und kehrten in die noch nach Desinfektionsgas riechenden Erdhütten zurück. Nach einem einzigen Tag waren das Lager und wir selbst läusefrei!

Etwas später passierte noch etwas Unerhörtes: Wir bekamen zum ersten Mal ein Paket vom Roten Kreuz! Drinnen waren harter Zucker und noch verschiedene konzentrierte Nahrungsmittel, von denen wir fast vergessen hatten, daß es sie überhaupt gab. Sogar ein Päckchen Zigaretten war dabei, das man im Lager und auch bei der Arbeit, die ununterbrochen weiterging, gegen Brot eintauschen konnte. Das Ende des

Krieges mußte wirklich schon sehr nah sein. Es war Ende Februar 1945, und im April konnte man in der Ferne schon das Donnern der anrückenden Front hören. Zehn Monate waren verstrichen. Für viele von uns war das Leiden schon zu Ende ... Jetzt näherte sich auch unser Leiden seinem Ende, die Frage war nur, wie dieses Ende aussehen würde. Daß uns noch ein verdammter Todesmarsch bevorstand, konnten wir damals nicht ahnen.

Im Lager Kaufering bei Kriegsende.

Der Marsch ins Ungewisse

Die neuen Schuhe

In den letzten Aprilwochen war der Geschützdonner schon deutlich zu hören. Die Arbeit wurde eingestellt, und ein gespanntes Warten setzte ein. Dann kam die Nachricht, daß wir evakuiert würden. Wir fragten uns, wohin sie uns noch bringen wollten ... oder wollten sie uns umbringen? Ditas Freund kam zu mir und erzählte, daß die Marschfähigen zu Fuß evakuiert würden und für die Schwächeren und Kranken ein Zug bereitgestellt würde. Er verriet mir auch, daß die Kapos und andere Lagerprominente die Evakuierung mit dem Zug machen würden, und schlug mir vor mitzukommen. Ich zauderte keine Sekunde und lehnte das ab. Was für ein Schicksal den Kranken und Schwachen von den Nazis bestimmt war, brauchte ich nicht zu erraten, und was ihre Ausreden oder Versprechen betraf, das konnten wir inzwischen auch beurteilen.*
Außerdem fühlte ich mich noch stark genug und dachte mir: Laßt mich nur aus dem Lager hinaus in meine geliebten Felder und Wälder und wir werden schon sehen ... Zudem hatten wir, nach meiner Überlegung, zu Fuß mehr Aussichten, von den Amerikanern eingeholt zu werden. Die Verbissenheit der Nazis, die bis zum letzten Tag andauerte, konnte ich nicht voraussehen.
Vor Beginn des Marsches verteilte man neue Holzschuhe. Meine alten Schuhe waren noch ziemlich ganz und bequem, aber warum sollte ich keine neuen auf den Marsch mitnehmen? Meine Unerfahrenheit sollte mir beinahe zum Verhängnis werden. Ich zog die neuen Holzschuhe an und schmiß die alten, die schon ausgetreten und angepaßt waren, weg ... Dazu muß man erwähnen, daß wir ohne Socken herumliefen. Und natürlich passierte das Unvermeidliche. Nach einiger Zeit hatte ich mir die Füße so aufgerieben, daß ich nur mit Schmerzen, die immer schlimmer wurden, weitergehen konnte. Als unsere Kolonne endlich Rast machte, mußte ich etwas unternehmen. So ging es nicht weiter, und Barfußlaufen war auch auf Dauer nicht möglich. In meiner Not

---

* Tatsächlich wurden sie mit unbedeckten Güterwaggons evakuiert. Die Eisenbahnen wurden aber unaufhörlich bombardiert. Als der Zug mit den Häftlingen neben einem mit Flakgeschützen beladenen Zug stehenblieb, wurde er von Tieffliegern angegriffen. Das geschah bei Schwabhausen, wo man nach der Befreiung Hunderte erschossene Häftlinge beerdigte.

begann ich, mir aus den Decken, die wir mitgenommen hatten, Fußlappen zu machen. Die Decken waren schon so schäbig, daß ich ganze Streifen abreißen konnte, aber sie mußten so abgerissen werden, daß ich sie nach dem Wickeln fest zusammenbinden konnte. Wie ich das ohne Schere oder wenigstens ein Messer fertigbrachte, ist mir bis heute ein Rätsel. Mein Leben hing buchstäblich vom Gelingen oder Mißlingen dieser Fußlappen ab. Wer nicht weitergehen konnte, lag mit einem Genickschuß in den Straßengraben.

Ich weiß nicht, wieso, aber ich brachte es so gut fertig, daß ich den ganzen Tag marschierte, ohne nur einmal die Binden richten zu müssen. Dabei konnte man mich für das Zerreißen der Decken der Sabotage beschuldigen, und darauf stand nichts weniger als die Todesstrafe. Eines Tages wurden in unserem Lager drei junge Häftlinge gehängt, weil sie angeblich von ihren Decken Streifen abgeschnitten hatten, um sie statt Socken zu verwenden.

In diesen Fetzen schlurfend, kam ich in die Straßen von Fürstenfeldbruck. Der Name dieser Stadt ist mir im Gedächtnis geblieben, nicht nur weil er mir sonderlich vorkam, auch nicht weil ich nach zehn Monaten Lager und Wald das erste Mal wieder eine Stadt erblickte. Es gab noch einen weiteren Grund. Wir zogen durch die Hauptstraße an drei- oder vierstöckigen Häusern vorbei, und das seltsame Pochen der Holzschuhe auf dem Straßenpflaster lockte die Einwohner an die Fenster. Was lange Zeit hinter Stacheldrähten verborgen gewesen war, strömte jetzt allen Augen sichtbar durch die Straßen, und der Anblick unseres geisterhaften Zuges muß sie tief erschüttert haben. Denn plötzlich fiel an mir ein kleiner Schatten vorbei, dann noch einer und noch einer. In unseren Reihen entstand ein gewisses Durcheinander. Es vergingen einige Sekunden, bis ich begriff, daß uns aus den höheren Etagen Brotstücke zugeworfen wurden. Diese spontane Reaktion der Einwohner von Fürstenfeldbruck war ein gutes Zeichen. Es war aufmunternd und stimmte mich optimistisch, der Krieg ging sichtlich zu Ende.

Wie sich später herausstellte, war das Wichtigste auf diesem Marsch, die Strapazen auszuhalten. Noch einige Stunden, manchmal nur noch ein paar Minuten, noch ein Kilometer, sogar noch einige hundert Meter. Für den, der mit seinen allerletzten Kräften marschiert, für den konnte die kleine Kraftreserve, die dieses Stückchen Brot verlieh, schicksalsentscheidend sein. Aber wie ich es auch versuchte, es glückte mir nicht, von diesen für uns so lebenswichtigen Stücken eines zu fangen.

Arbeit macht frei

Am nächsten Tag erreichten wir die Stadt Dachau. Auch hier wiederholte sich das Brotzuwerfen aus den Fenstern, aber wieder war ich nicht flink genug oder nicht verzweifelt genug und bekam nichts ab. Nach kurzer Zeit marschierten wir durch ein Tor, auf dem mit großen Buchstaben eingraviert war: »ARBEIT MACHT FREI«. Die Verspottung der Elenden war nicht zu übersehen, es sei denn, man meinte damit, die Arbeit in den Lagern »befreie« die Menschen von ihrem Leben.

Diese Nacht lagerten wir einfach auf dem großen Appellplatz, der mit abgetragener Häftlingsbekleidung übersät war. So etwas konnte man sich in einem KZ, nur einige Tage zuvor, gar nicht vorstellen! Es konnte kein besseres Zeichen geben, daß die Naziherrschaft am Zerfallen war. Mich bedrängte vor allem die Sorge um meine Fußbekleidung, die mir zum Verhängnis werden konnte. Darum kam es mir gelegen, daß auch alte Schuhe auf dem Platz herumlagen. Ich begann sofort mit der Suche. Leider paßten die meisten nicht, oder sie waren in unbrauchbarem Zustand. Am Ende fand ich doch ein ziemlich gut erhaltenes und passendes Paar. Zwar drückten sie etwas, aber sie retteten mir ohne Zweifel das Leben, ohne sie wäre ich später nicht sehr weit gekommen. Mein Glück hatte mich noch nicht verlassen!

Am nächsten Tag bekamen wir einen ganzen Laib Brot! Etwas, das ich im KZ noch nie gesehen hatte. Unser Marsch ins Ungewisse ging zwar weiter, aber ausgerüstet mit den »neuen« Schuhen und dem Laib Brot war ich guten Mutes. Ich fühlte mich noch kräftig genug, und allen Anzeichen nach war die Befreiung zum Greifen nahe.

Aber Tage vergingen, und nichts änderte sich. Von beiden Seiten durch mürrische Posten bewacht, trabten wir Tag für Tag immer weiter. Es war ein Hundewetter. Meistens rieselte ein lästiger Regen, der von einem kalten Wind begleitet war. Wir gingen den ganzen Tag mit kleinen Rastpausen, nächtigten immer unter bloßem Himmel, und unsere ganze »Ausstattung« waren zwei dünne Decken, die wir tagsüber auf dem Kopf aufgestülpt hielten. Von weiterer Verpflegung war überhaupt keine Rede, und den Durst stillten wir irgendwie, wenn man an einem Bach oder an einem kleinen Flüßchen Rast machte. Ich aß von meinem Brot nur einen gewissen Teil und behielt das übrige für die kommenden Tage. Aber als ich eines Abends so müde war, daß mich der Schlaf überfiel, bevor ich den Kanister mit dem übrigen Brot unter mich geschoben hatte, war er am nächsten Morgen verschwunden. Die einzige Nahrung war mir gestohlen worden! Ich war bis tief in meine

Seele erschrocken und fragte mich verzweifelt, wie ich die weiteren Strapazen durchhalten sollte.

Wo die Wölfe Rat halten

Als der Marsch begann, hegte ich, wie schon gesagt, viele Hoffnungen, aber jetzt, am sechsten Tag, seit wir Kaufering verlassen hatten, immer weiter getrieben und ohne einen Brocken Brot, steigt in mir die Verzweiflung hoch, und ich denke immer öfter an Flucht. Doch das war viel leichter gedacht als getan. Am Tag war es unmöglich, und für das Nachtlager fanden unsere Wachen immer einen Platz, an dem sie uns leicht im Auge haben konnten, etwa ein offenes Feld, oder eine Schlucht, die man umstellen und beobachten konnte. Sie selbst hielten sich in einem sicheren Abstand ringsherum, so daß es keine Möglichkeit zu entkommen gab.

Es dämmerte schon, als der Weg auf sich schlängelnden Serpentinen bergab führte. Diesmal wurde für die Übernachtung ein Waldhügel ausgewählt. Auf einem Wegweiser konnte ich den Namen des Ortes lesen: Wolfratshausen. Ein sonderbarer Name, einer von denen, die sich ins Gedächtnis eingraben, ein mir unbekannter Ort, irgendwo fernab gelegen, wo die Wölfe Rat hielten ... Auch ich hielt mit mir Rat in dieser Nacht. Ich dachte an alle überstandenen Gefahren und Begegnungen mit dem Tod, an die vier Jahre, die hinter mir lagen. An den sonderlichen Wunsch meines Retters, des Wehrmachtsoldaten auf der Pontonbrücke in Vilkija, zu meinem 14. Geburtstag: »Dann wünsche ich Ihnen, daß Sie auch 15 werden.« Jetzt war ich schon 17, aber meine Aussichten, noch älter zu werden, wurden immer geringer. Trotz dem immer näher rückenden Donner der Geschütze entkamen wir nicht aus den Krallen der SS. Wohin führte unser Weg? Warum wurden wir so verbissen weitergetrieben? Was erwartete uns am Ende dieses Marsches? Obwohl ich den ganzen Tag hindurch ohne jede Nahrung stundenlang marschierte, fühlte ich erstaunlichrweise keine Schwäche. Aber wie lange noch? Früher oder später würde ich, wie andere vor mir, mitten im Gehen ohnmächtig aufs Gesicht fallen und mit einem Genickschuß im Straßengraben liegenbleiben. Die Flucht erschien mir mehr und mehr als die einzige Chance, doch noch ein wenig älter zu werden. Diese Gedanken wühlten in mir, und ich konnte nicht einschlafen.

Ich schaute mich um. Neben mir bemerkte ich eine kleine, aber genügend tiefe Mulde und spielte eine Weile mit dem Gedanken, mich dort mit dem vielen Laub, das hier herumlag, zu bedecken, aber ich war noch nicht verzweifelt und entschlossen genug.

Als wir uns im Morgengrauen zum Aufbruch vorbereiteten, näherte sich mir überraschend ein mir gänzlich unbekannter polnischer Junge. Er sagte, daß er hohes Fieber habe und nicht mehr weiter könne. Wir wußten beide, was ihn erwartete … »Hier nimm mein Brot, es nutzt mir nicht mehr, dir kann es noch helfen, am Leben zu bleiben« – mit diesen Worten streckte er mir sein weniges Brot entgegen. Ich blickte ihn entsetzt an. Weil mir mein Brot gestohlen worden war, bedurfte ich verzweifelt dieser unerwarteten Gabe, aber ich schrak zurück. Brot war hier dem Leben gleich. Das Annehmen des Brotes bedeutete die Bestätigung seines Todesurteils, und zusammen mit dem Brot hätte ich ihm auch die Seele aus dem Leib genommen. Wir waren zwar dort, wo die Wölfe hausen, aber ich war wahrscheinlich noch nicht in dem verzweifelten Zustand, in dem sich Menschen in Wölfe verwandeln.

Ich kann noch jetzt seine weit aufgerissenen Augen sehen. Er schaute mich an mit einem erstaunten Blick, in dem ich auch einen Vorwurf zu sehen glaubte. Es war sein letzter Wille, vielleicht war es auch sein letzter Trost, daß er wenigstens noch jemanden retten konnte. Er hatte mich ausgewählt, und ich lehnte es ab. In diesem Moment kam mir der Gedanke! Ich erklärte ihm meinen Plan, sich in der Mulde zu verstecken, und schlug ihm vor, das zu machen, da er im Gegensatz zu mir nichts zu verlieren habe, und beeilte mich auch hinzuzufügen, daß er, wenn er sich dazu entschließe, auch sein Brot noch brauchen werde. Er stimmte zu, und ich »verscharrte« ihn mit dem Laub in der Mulde …

Wir verließen den Hügel, und ich hatte Angst, mich umzublicken. Blieb er dort liegen oder besann er sich im letzten Moment eines anderen? Ich weiß nicht, was mit ihm weiter geschah; sicher ist nur, daß ich keine Schüsse gehört habe.*

Jetzt oder nie

Wir trabten weiter. Immer wieder fielen manche aufs Gesicht, als ob ihnen die Erde unter den Füßen weggezogen worden wäre, und blieben

---

* Als ich beim Besuch des Mahnmals bei Beuerberg (dort muß es gewesen sein) von diesem Fall erzählte, wurde ich darauf aufmerksam gemacht, daß in einer örtlichen Zeitung jener Jahre von einem Häftling berichtet wurde, der nach dem Krieg auf einem der Hügel etwas suchte.

liegen. Das Wetter wurde von Stunde zu Stunde schlechter. Jetzt schneite es schon. Je weiter wir kamen, desto mehr Schnee lag auf den umliegenden Feldern. Nach der Überquerung einer Brücke gingen wir an Königsdorf vorbei. Der Ort war verschneit und die Wege menschenleer. Noch etwas weiter waren in der Ferne schon die Umrisse der Berge zu sehen. Das also ist das Endziel unseres Marsches, denke ich, wir kommen in die Berge und irgendwo in einer verborgenen Schlucht, fern aller Menschenaugen, wartet auf uns ein Maschinengewehr, um die letzten Zeugen des Verbrechens loszuwerden.* Der Gedanke an Flucht verstärkt sich mit jedem Tritt und erfüllt mein ganzes Wesen. Mensch, du mußt weg, du mußt weg, geh nicht weiter mit, du mußt deine beklemmende Angst überwinden, du mußt es tun, wenn du noch leben bleiben willst! In der einfallenden Dunkelheit gehen wir jetzt in dichtem Schneegestöber. Unsere Wachen mit hochgeschlagenen Kragen, die Augen vom Schnee geblendet, sind nicht mehr so aufmerksam. Das ist sicher der beste Zeitpunkt, aber wie kann ich es unbemerkt schaffen, und dann, solange man geht, lebt man noch, eine mißlungene Flucht aber bedeutet den sicheren Tod.

Jemand im Himmel muß meine Gedanken gelesen haben. Ein plötzlich vorbeirasender Militärwagen drängt uns an den Wegrand. Im Gedränge stoßen wir aufeinander, viele stolpern und fallen. Jetzt oder nie! Die Entscheidung war gefallen.

Ein Tritt zur Seite und ich falle in den tiefen Schnee am Wegrand. Sekunden verstreichen, es ist still um mich herum geworden. Ich hebe den Kopf und schaue mich um, weit und breit ist niemand zu sehen! Es ist mir gelungen!! Ich muß jetzt noch schnell vom Weg wegkommen. Etwas weiter rechts auf der Böschung, zwischen den Bäumen, ist ein Gehöft zu sehen. Langsam schleiche ich den Abhang hinauf und komme an die Scheune. Sie ist offen. Vom Schnee geblendet taste ich mich vorwärts und stoße an aufgestellte offene Säcke, die mit Getreide gefüllt sind! Ein Glück folgt dem zweiten, ich konnte mir nichts Besseres wünschen! Es ist gedroschenes Korn, und hungrig wie ich bin, stopfe ich mir sofort den Mund voll. Während ich die Körner mit den Zähnen zermalme, verspüre ich schon im Munde die Süße und fülle mir die Taschen voll.

Allmählich gewöhnen sich meine Augen an die Finsternis, und erst jetzt bemerke ich zu meinem jähen Schrecken, daß ich hier nicht allein bin! Auch Umrisse von Stahlhelmen sind zu sehen; es sind deutsche Soldaten, die genau wie ich in den Säcken wühlen. Jemand geht an mir

---

* Nach verschiedenen Zeugenaussagen sollten wir tatsächlich im Ötztal umgebracht werden.

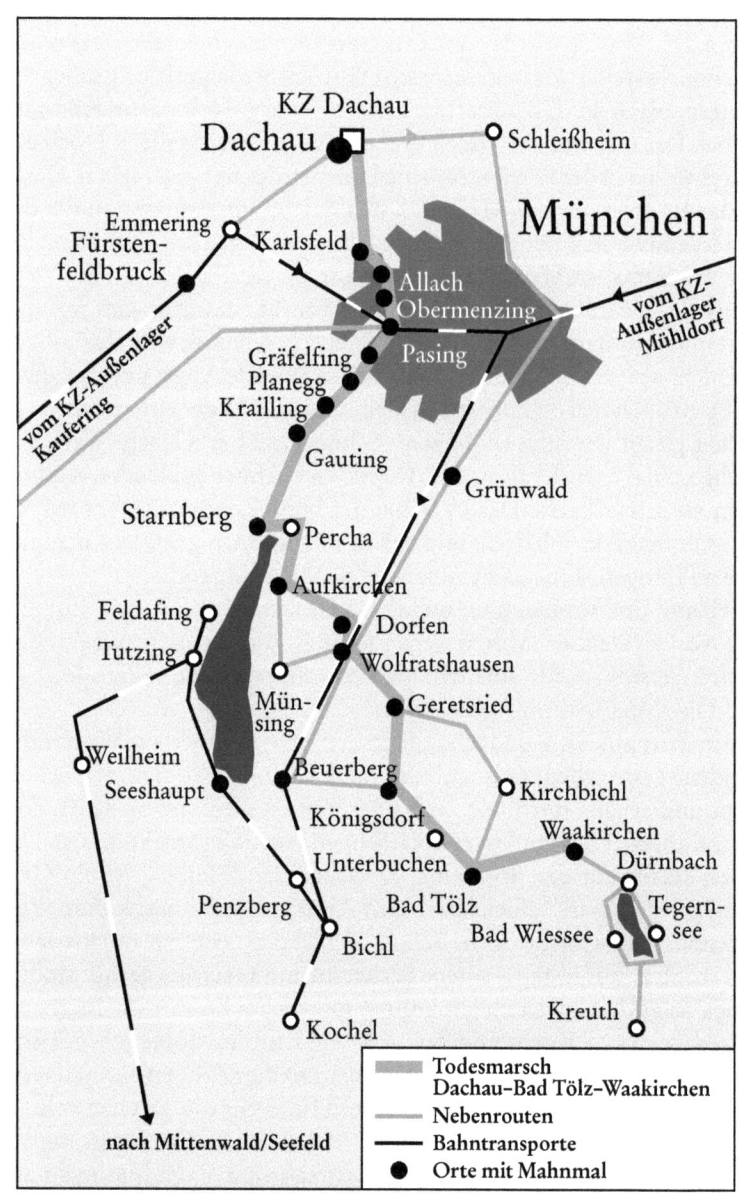

Der Todesmarsch von Dachau nach Waakirchen.
Auch die Häftlinge des Außenlagers Kaufering wurden auf diesen Todesmarsch getrieben.

vorbei, bleibt einen Moment stehen, staunt mich an und geht weiter. Erschrocken verlasse ich die Scheune, aber auch der Hof wimmelt von Soldaten einer abrückenden Wehrmachtseinheit. Von Panik ergriffen laufe ich jetzt den Abhang hinunter zurück auf den Weg. Auf den Feldern liegt fast mannshoch der Schnee, dort kann ich unmöglich hin und muß auf dem Weg bleiben. Etwas weiter unten ist auf der anderen Seite ein Wäldchen zu sehen. Das ist ein willkommenes Versteck! Ich renne hin, biege vom Weg ab und stoße auf einen Wachposten, der mir »Schnell, schnell hier rein« zuruft. Verstört und entsetzt begreife ich nun, daß ich zurück in die Häftlingskolonne geraten bin, aus der ich entwichen war und die hier zum Übernachten lagert.

In zermürbender Schwermut sinke ich am nächsten Baumstamm zusammen. Nachdem es mir unter so viel Schrecken und Gefahren gelungen war, den Krallen der fürchterlichen SS zu entkommen, bin ich blindlings selbst zurück in die Falle gerannt! Es war ein unerträglicher Gedanke. Das war zu viel für mich, ich muß ganz erschöpft gewesen sein, verlor wahrscheinlich zeitweilig das Bewußtsein und fiel in einen tiefen Schlaf.

Der ist kaputt

Am nächsten Tag bin ich wieder einige graue Streifen in einer grauen Menschenmasse, die auf dem verschneiten Weg in Richtung Bad Tölz zieht. Wie es in mir aussieht, läßt sich kaum schildern. Ich werde von bitterem Leid und Gram aufgezehrt. Noch schlimmer sind die Gedanken, die mich quälen: Das Glück, das bis jetzt immer auf meiner Seite stand, hat mich verlassen, und ich gehe jetzt wahrscheinlich meinen letzten Weg ... Ich bin aufs tiefste frustriert und voller Verzweiflung.

Die Straße, auf der wir abwärts nach Bad Tölz gehen, mündet gerade gegenüber einer großen Kaserne, und bevor wir links abbiegen, kann ich die Aufschrift auf dem Tor lesen: »SS – Junker Schule«! Kadetten mit haßverzerrten Gesichtern gesellen sich zu unseren Wachen. Sie fluchen und drohen: Ihr seid schuld, daß Deutschland den Krieg verloren hat, und jetzt wird man sich an euch rächen. Der Schrecken und die Verzweiflung steigen in mir empor. Meine schlimmsten Vorstellungen werden vor meinen Augen wahr! Unsere Wachen sind ältere Männer, die schon müde und gleichgültig geworden sind, aber diese jungen Kerle sind unsere Henker – so geht es mir durch den Kopf.

Wir marschieren durch einen kleinen Ort. Alles ist verschneit, und keiner ist auf der Straße zu sehen. Jemand vor mir stürzt im Schritt voraus aufs Gesicht in den Schnee. Die Wachen gehen an ihm vorbei, und keiner kümmert sich um ihn. Kurz entschlossen ahme ich es nach und lasse mich genau so plump auf das Gesicht fallen. Ein letzter unmöglicher Fluchtversuch am hellen Tag! Alle gehen an mir vorbei, und nichts passiert. Nach einer kurzen Weile schaue ich mich um. Ich bin wieder ganz allein auf der Straße und krieche in den nahe gelegenen kleinen Holzschuppen im anliegenden Gehöft. War es mir also doch noch gelungen?

»Ein Verbrecher, hier ist ein Verbrecher ...« Ein vier- oder fünfjähriger Knirps ist von irgendwo aufgetaucht. Er zeigt auf mich mit seinem kleinen Finger: »Ein Verbrecher, ein Verbrecher«, schreit er laut mit seiner dünnen Kinderstimme. Und ich denke erschrocken: Dieser kleine Zeigefinger wird mir zum Verhängnis. Was konnte ich tun? Nach kurzer Zeit beugen sich zwei Soldaten der Feldjäger über mich. Ich erkenne sie an den ovalen Blechen an der Brust. Vor Schreck stelle ich mich ohnmächtig. Mit der Flamme eines Feuerzeugs brennt einer mir die Nase an. Ist es die Kälte oder die unbeschreibliche Angst, aber ich empfinde fast gar nichts und rühre mich nicht. »Der ist kaputt«, höre ich ihn sagen, »Was wird mit ihm?« fragt der zweite. »Das Sonderkommando kommt gleich nach«, ist die Antwort, und sie verlassen beide den Schuppen. Wäre ich ein deutscher Deserteur gewesen, hätten sie mich vielleicht auf der Stelle erschossen, aber für so einen wie mich haben sie keine Befehle, dafür ist das Sonderkommando zuständig. Jetzt begreife ich, warum mich die Wachen unbekümmert liegenließen. Es geschah nicht aus Gleichgültigkeit. Man überließ mich einem nachrückenden Sonderkommando! Das mörderische System funktioniert bis zum letzten Moment.

Die Welt steht auf dem Kopf

Ich muß sofort weg von hier! Taumelnd komme ich aus dem Schuppen. Die beiden von der Feldgendarmerie schauen mich erstaunt an. Im Vorbeikommen höre ich einen sagen: »Du siehst, der Jude hat uns betrogen«, aber sie kümmern sich nicht mehr um mich. Auf der Straße zieht jetzt wieder ein Menschenstrom. Merkwürdigerweise sind es keine Häftlinge mehr, sondern deutsche Zivilisten, Männer und Frauen, mit Rucksäcken und sogar Kinderwagen. Zwischen ihnen suche ich unterzutauchen und schließe mich den Gehenden an. Kaum habe ich einige

Schritte gemacht, höre ich von hinten einen scharfen Ruf: »Halt!« Ich schaue mich um und sehe zwei SS-Männer in schwarzer Uniform mit Totenköpfen. Das Sonderkommando ... »Halt!« Aber ich laufe in wilder Panik zwischen der Menge, die entsetzt auseinanderstiebt. Zwischen den kreischenden Frauen und den Kinderwagen geht die Jagd auf mich los.

Wie weit konnte ich kommen? Nach einigen Metern haben sie mich gefaßt. Es sind die letzten Minuten meines Lebens, nichts kann mich vor diesen Totenköpfen retten. Ich schreie und versuche, mich aus ihrem festen Griff zu befreien. Vergebens ...

Was aber bringt diese Gruppe deutscher Zivilisten dazu, uns in einem empört schreienden dichten Ring zu umschließen? »Was macht ihr denn?! Was wollt ihr noch?!? Ihr seid verrückt! Der Krieg ist zu Ende! Er läuft, so laßt ihn laufen!« Die SS-Männer jedoch ignorieren die Zurufe, als ob sie sie gar nicht hören, und sprechen miteinander. Aber was ist das, die beiden sprechen Russisch! »Kuda jevo? ... Za Sarajem!« Und ich verstehe jedes Wort, es heißt: »Wohin mit ihm?« Und die Antwort ist: »Hinter die Scheune!«

Russen sind meine Henker, Deutsche wollen mir helfen. Irgendwo im Herzen Bayerns, hinter Bad Tölz stand die Welt auf dem Kopf. Es geht um Sekunden. Wie ein Ertrinkender klammere ich mich an die Leute, die mich retten wollen, aber was helfen ihre Protestrufe, wenn die beiden kein Deutsch verstehen. Instinktiv hallt jetzt meine Stimme, in einem verzweifelten letzten Aufbäumen alles und alle übertönend: »Aber das sind Russen!« Meine Worte haben eine seltsame Wirkung. Die Stimmen verstummen. Es ist unheimlich still um uns geworden. Erstaunt und sprachlos blicken alle mit ungläubigen und forschenden Augen auf die SS-Leute: Russen? Die beiden schweigen verlegen. Der Ring um uns wird allmählich enger. Eine gewaltige Spannung liegt in der Luft. Unerwartet fühlen sich die beiden plötzlich bedroht. Einer von ihnen schwenkt das Gewehr, und ein gemeiner russischer Fluch entgleitet seinen Lippen: »j ... vaschu Mat!«*

Die russischen Worte wirken wie ein Funke im Pulverfaß. Im Nu hat sich der Ring um uns geschlossen, und mit wütendem Gebrüll wirft sich die Menge auf die beiden SS-Männer. Vom Anprall stürzen wir alle zu Boden in einem verwickelten Menschenknäuel. Ich liege ganz unten, und über mir tobt ein tödliches Handgemenge. Zwischen den Schlägen, die

---

* Auf deutsch etwa »Hurensohn«.

jetzt auf die SS-Leute niederprasseln, winde ich mich irgendwie seitlich heraus und beginne zu laufen. Wie Lot, der vor Gottes Zorn aus Sodom flüchtet, schaue ich mich nicht um und laufe, laufe, laufe unaufhörlich. Plötzlich habe ich unendliche Kräfte. Die Erde hat für mich ihre Anziehungskraft verloren. Ich laufe nicht, ich schwebe!

Im Vorbeilaufen sehe ich am Straßenrand die vor kurzem erschossenen Leidenskameraden, die nicht mehr weiter konnten. Das Blut pocht noch aus einer kleinen Wunde hinter dem Ohr und rinnt in einem dünnen Streifen über den Nacken.

Wieder muß ich wegen des hohen Schnees auf dem Weg bleiben, wieder suche ich Geborgenheit im nächsten Wäldchen und … das Gestrige wiederholt sich wie in einem bösen Traum. Ich bin wieder zurück in der Häftlingskolonne. Sonderlich stört mich das im Moment allerdings nicht. Eben erst bin ich dem sicheren Tod entronnen, und hier scheint mir der sicherste Platz auf Erden zu sein. Ich hülle mich in eine Decke, die ich unverständlicherweise behalten habe, und falle erschöpft in einen tiefen Schlaf.

Als ich am nächsten Morgen die Augen öffne, ist über mir eine dicke Schneeschicht, und mir ist erstaunlich warm. Erst jetzt denke ich an die Körner, die ich beim ersten Fluchtversuch erbeutet habe. Sie waren die Voraussetzung für meine letzte Anstrengung und spenden die Wärme, die mich jetzt umgibt. Wegen der ungewöhnlichen Wärme habe ich keine Lust aufzustehen, aber dann höre ich seltsam erregte Stimmen: »Die Wachen … die Wachen … !« Ich fahre erschrocken auf: »Was ist mit den Wachen, was machen sie?« – »Sie sind nirgends zu sehen! Sie sind verschwunden!«

Die Wachen waren wirklich nicht mehr zu sehen. Wir schöpften Hoffnung, aber nach all den Jahren im Ghetto und KZ war es so unglaublich, und bis zum Eintreffen der Amerikaner waren wir noch nicht wirklich befreit. Nach einer Weile erschien auf dem Weg ein Privatauto mit einer Rot-Kreuz-Fahne auf dem Dach. Es ist für mich bis heute unbegreiflich, wieso und woher es so plötzlich kam. Wie verlangt kamen wir in ordentlichen Reihen aus dem Wald heraus und wurden in den nächsten Ort geführt. Es war ein langer Menschenzug, denn wie sich herausstellte, lagerten in der Umgebung mehrere Dachauer Marschkolonnen. Zu unserer Rechten bemerkte ich einen Auflauf von Häftlingen, die sich emsig über etwas hermachten. Ich staunte und verstand nicht, was das sein sollte. Wir waren eine lange Kolonne, und bis wir hinkamen, hatte sich der Haufen und auch das Rätsel gelöst: Auf dem Feld lagen zwei Pferdekadaver, von denen nur das Gerippe übriggeblieben war!

Das ganze Fleisch zweier Pferde* wurde innerhalb weniger Minuten mit bloßen Händen weggerissen.

Und was ist das?

In Waakirchen, so hieß der Ort, wurden wir in einer Scheune untergebracht. Ich wollte nicht mehr an einem abgeschlossenen Platz sein und schlich draußen herum. Von ferne war ein dumpfes Geräusch von Ketten zu hören. Ich verbarg mich hastig unweit der aus Bad Tölz kommenden Landstraße. Gespannt und besorgt spähte ich auf den Weg. In der Kurve erschien ein schnell vorwärtsstürmender Tank, und obenauf saß ein riesiger Schwarzer. Die Amerikaner waren endlich gekommen! Es war kein Zweifel mehr, wir waren endlich befreit. Ich lief ihm winkend entgegen. Als er mich sah, warf er mir ein Päckchen »Camel«-Zigaretten zu. Für KZ-Begriffe hielt ich jetzt einen richtigen Schatz in der Hand, den ich sofort in der Tasche verstaute, und lief, was ich konnte, zurück in die Scheune, um die freudige, schon fast unglaubliche Nachricht zu verkünden. Ich stürzte hinein und blieb wie angewurzelt stehen – in der Scheune, die ich vor nicht langer Zeit verlassen hatte, war niemand zu sehen. Ich dachte, ich hätte mich verlaufen, und doch rief ich laut und erregt: »Ist hier jemand? Die Amerikaner sind da!! Wir sind befreit!!« Jetzt raschelte es unter dem Stroh ... eine Schar junger Häftlinge kam herausgekrochen und umringte mich: »Sei still und mach keine Panik!« »Aber die Amerikaner sind hier!« rief ich schon viel leiser. Ein strenges Kreuzverhör folgte: »Hast du es gehört oder gesehen? Was hast du gesehen? Was für ein Zeichen hast du auf dem Tank gesehen?« Ich mußte kleinlaut zugeben, daß ich auf das Zeichen nicht geachtet hatte ... »Woher weißt du dann, daß es ein amerikanischer Panzer war?« – »Aber ... aber ...« Ich war so überrascht, daß mir die Worte im Hals steckenblieben. »Beruhige dich und mach keinen Lärm, du gefährdest uns alle, die SS kann noch zurückkommen!«

Doch plötzlich fiel es mir ein: In meiner Tasche steckte der entscheidende Beweis! Aber ich wußte auch: Ziehe ich ihn aus der Tasche, wird mir nichts davon bleiben. Ich zögerte eine lange Sekunde. Dann dachte ich: Hol es der Kukkuck, wir sind frei, und was zählt jetzt schon ein

---

* Friedl Kunstwald erzählte mir bei meinem Besuch in Reichersbeuern, daß die Pferde am Tag zuvor von einem Tiefflieger getötet worden waren und durch den Schnee das Fleisch genießbar blieb.

dummes Päckchen Zigaretten! »Ihr glaubt mir nicht?« fragte ich nochmals erstaunt, und jemand antwortete mir entschieden: »Nein!« Mit einem Ruck zog ich das Päckchen »Camel« heraus, schwang es so hoch wie möglich, daß alle es sehen konnten, und rief triumphierend: »Und was ist das?!« Eine Weile herrschte seltsame Stille, aber dann brach es los. Jemand schrie: »Camel-Zigaretten« – und ein lauter jubelnder Freudenschrei erschütterte die Scheune.

Wie ich mir gedacht hatte, wurde mir das Päckchen »Camel« aus der Hand gerissen. Man teilte sich die Zigaretten, und alle stürmten nach draußen. Das leere Päckchen lag hingeworfen auf dem Boden, und ich wollte es gerade als Andenken aufheben, als mir ein anderer jugendlicher Häftling zuvorkam und sofort wieder damit im Stroh verschwand!

Diesen letzten Vorfall hatte ich schon längst vergessen, als ich nach mehr als 40 Jahren wieder davon hörte ...

Epilog

Das leere Zigarettenpäckchen

Nachdem die lange verschwiegene Geschichte der Kauferinger Lager trotz großer Hindernisse schließlich bekannt wurde, fanden wir, die Überlebenden, uns nach 43 Jahren zusammen, um eine Bürgervereinigung zum Andenken an unsere umgekommenen Kameraden und zur Bewahrung der geschichtlichen Wahrheit zu gründen. Die einst schwarzen Haarschöpfe waren schon teilweise grau oder Glatzen geworden, und jeder von uns hatte eine volle Lebensgeschichte hinter sich. Wie immer bei diesen Treffen kamen die Erinnerungen aufs neue hoch.

Chaim Konvitz aus der Stadt Ramat Gan ergriff das Wort: »Ich erzähle meinen Freunden immer, wie ich die Befreiung erlebte. Eines Nachts waren die SS-Wächter verschwunden, und wir wurden in eine Scheune gebracht, wo wir, nach dem verdammten Todesmarsch völlig entkräftet, auf die Ankunft der Amerikaner, die sich nicht beeilten, warteten. Vor Angst, daß die SS noch einmal zurückkommen könnte, beschlossen wir nach dem Rat der älteren Häftlinge, uns im Stroh zu verkriechen. Plötzlich stürmte ein junger Häftling in die Scheune: ›Die Amerikaner sind gekommen, wir sind befreit!‹ Nach all den schrecklichen Jahren konnten wir es einfach nicht glauben. Dazu fürchteten wir auch, daß es möglicherweise ein Irrtum war, und vorzeitige Unruhe konnte uns gefährden. Ich wurde von den älteren Häftlingen hingeschickt, ihn zu beruhigen und eventuell weitere Informationen zu bekommen. Wir fragten ihn schnell aus und kamen zu dem Schluß, daß seine Erzählung nicht glaubwürdig genug war ...« Ich hörte Chaim gespannt zu und dachte mir dabei: Sonderbar, wie sich das überall in derselben Weise abspielte ...

Konvitz fuhr fort: »Plötzlich zog der Häftling ein Päckchen Zigaretten aus der Tasche ...« Jetzt verstand ich! »Halte hier bitte einen Moment«, sagte ich erregt, »waren es Camel-Zigaretten?« Er schaute mich erstaunt an: »Warst du auch dabei?« – »Das war ich, das war ich ...« Mehr konnte ich nicht sagen, ich war wieder dort in der Scheune, und keiner wollte mir glauben, daß wir endlich wirklich aus den Krallen der Bestien enkommen waren. Plötzlich nach 43 Jahren brach ich in ein Schluchzen aus und weinte wie ein kleines Kind.

Aber Konvitz hatte noch nicht zu Ende erzählt. Er wurde doch von den älteren Häftlingen hingeschickt, um Bescheid zu bekommen. So war er es, der das leere Päckchen aufhob und mit ihm als Beweisstück in das Strohversteck zurückkehrte! Dort studierte man die Schachtel, in dem fahlen Licht der Scheune, von allen Seiten und voller Zweifel. Erst als sie die kleinen Buchstaben »Made in USA« sahen, sagten sie: Ja, es stimmt doch, wir sind gerettet!

Wer waren meine Retter in Reichersbeuern?

Als ich im Jahr 1987 nach Reichersbeuern kam, erfuhr ich auch, wer die deutschen Zivilisten waren, die mich mit so viel Mut buchstäblich aus den Händen der Henker schlugen. Darüber berichtete mir Friedl Kunstwald folgendes: »Es war dein Glück, daß es deutsche Flüchtlinge aus dem Osten waren. Sie kamen mit der Bahn bis Reichersbeuern, wo sie den Zug angesichts der Tiefffliegerangriffe verlassen mußten. Sie waren von dem Hitlerschen Größenwahn, der dazu geführt hatte, daß sie zu Flüchtlingen geworden waren, die ihr Heim und ihr Hab und Gut zurücklassen mußten und kaum mit ihrem nackten Leben davonkamen, tief enttäuscht und hatten vom Naziregime die Nase voll. Darum waren sie so empört, als sie sahen, daß die SS das Morden bis zuletzt noch immer weitertrieb. Dazu kam natürlich ihr Zorn auf die Russen, vor denen sie geflohen waren und die jetzt noch in den letzten Stunden des Krieges in SS-Uniform auf deutscher Erde wüteten.«

Das war der verständliche Hintergrund, der in dem erbitterten Zuruf: »Was wollt ihr noch?!« seinen Ausdruck fand. Doch damit allein ist ihr mutiger Einsatz, unter Lebensgefahr einen ihnen unbekannten jüdischen Häftling zu retten, nicht zu erklären. Mein Glück oder, wenn man es so verstehen will, mein Schutzengel hatte mich bis zuletzt nicht verlassen!*

Weitere Familienschicksale

Mutter und Schwester Dita überlebten die grausamen Stutthofer Lager und einen vielwöchigen schrecklichen Todesmarsch, bei dem Tausende

---

* Beiläufig wurde mir in Reichersbeuern auch erzählt, daß damals ein russischer SS-Mann tot auf der Straße aufgefunden worden war, vermutlich »überfahren«. Obwohl diese Episode im »Tölzer Kurier« im Mai 1988 durch den damaligen Mitarbeiter der Zeitung, Günther Platschek aus Lenggries, veröffentlicht wurde, hat sich leider keiner der damaligen Flüchtlinge gemeldet.

umkamen. In Stutthof, das ein Vernichtungslager war, gingen sie durch eine Selektion. Als man Mutter »aussondern« wollte, bemerkte Dita, daß der »Selektionsarzt« selbst ein Häftling war. Ihr Herzensschrei »Lassen Sie mir meine Mutter!« verwirrte und veranlaßte ihn, Mutter durchzulassen. Später wurde Mutter, weil sie Zahnärztin war und den Häftlingen bei Zahnschmerzen mit einer Nadel half, in der Ambulanz eingesetzt und konnte Dita dadurch unterstützen. Auf dem Todesmarsch erreichten sie mit allerletzten Kräften die Scheune in Chinnof, wo sie von der Roten Armee befreit wurden. Sie waren so geschwächt, daß sie buchstäblich auf allen vieren aus der Scheune herauskrochen. Mutter war typhuskrank, wurde aber von Dita wieder hochgepäppelt. Nach dem Krieg kehrten sie nach Litauen zurück. Dita absolvierte eine Hochschule, wurde dort als Lehrerin für Deutsch eingesetzt und heiratete Volodia Sperling, einen hohen jüdischen sowjet-litauischen Staatsbeamten. Sie emigrierte 1972 nach Israel, wo sie lange Jahre als Dozentin am Goethe-Institut arbeitete. Sie lebt heute in Tel Aviv. Ihr nach dem Krieg geborener Sohn Isia (Itzchak), nach unserem zu Anfang des Krieges verschollenen Vater benannt, beide Enkelkinder sowie eine Urenkelin leben in der USA. Mutter entkam 1945 aus dem sowjetischen Litauen und machte mit mir zusammen den langen Exodusweg nach Israel, überquerte zu Fuß die Alpen und in einem kleinen Schiff auf hoher See auch das Mittelmeer. Sie war mit mir in den Internierungslagern von Zypern und lebte glücklich in Israel mit uns zusammen bis zu ihren 86. Lebensjahr.

Großvater Zemach starb im Ghetto an einer Herzkrankheit. Das Herz zerbrach ihm jedoch schon früher, als die Sowjets ihm 1940 sein ganzes Eigentum, für das er ein Leben lang gearbeitet hatte, »verstaatlichten«. Er starb in seinem Bett und ist auf dem alten Jüdischen Friedhof in Kaunas beerdigt, was Großmutter Basia nicht vergönnt war. Sie kam zusammen mit Großvater Josef und Tante Berta in der »Kinder- und Alten-Aktion« um.

Mutters Schwester Emma, deren Mann und Sohn, wie schon erwähnt, zu Beginn des Krieges auf den Forts umkamen, wurde in Stutthof umgebracht. Ihrer Tochter, meine Kusine Lena, und deren Mann Ephraim gelang es auf dramatische Weise, aus dem Ghetto zu entkommen. Mit anderen versuchten sie aus dem Ghetto auszubrechen, als ein deutscher Wächter, den sie bestochen hatten, das Feuer eröffnete. Fast alle, außer ihnen, wurden tödlich getroffen. Als der Posten sein Gewehr aufs neue laden wollte, wurde er von Ephraim zu Boden geworfen, und beide entkamen im Schutz der dunklen Nacht. Ephraim rettete sich schwimmend durch den Fluß Neris, und Lena versteckte sich unweit unter der Treppe eines Häuschens. Sie überlebten und entkamen, nach vielen Strapazen und Gefahren, auch aus dem sowjetischen Litauen und emigrierten in die USA, bauten sich eine bescheidene Existenz auf und brachten wieder einen Sohn zu Welt. Ephraim ist schon längst gestorben. Lena lebt heute betagt in New York, konnte aber den Verlust ihres kleinen Abele niemals völlig überwinden. Selbst wenn sie scherzt und manchmal lacht, kann man den traurigen Blick in ihren Augen nicht übersehen ...

Vaters Schwester Rachil kehrte nach dem Krieg aus der Verbannung in der Sowjetunion zurück und lebte noch lange Jahre in Tel Aviv, aber ihre beiden Kinder, die unglücklicherweise in Litauen zurückgeblieben waren, kamen wie schon erwähnt um: Rafi in der »Kinderaktion« und Liubotschka auf dem Todesmarsch von Stutthof.

Vaters Bruder, Onkel Chanon, lebte in Paris, als die deutsche Invasion begann. Er floh in den Süden Frankreichs, wo es ihn in ein kleines, abgeschiedenes Dorf unweit der italienischen Grenze verschlug. Die Bewohner und der Dorfälteste, die vielleicht zum ersten Mal einen »juif« aus der Nähe sahen, nahmen ihn freundlich auf. Er hauste im ehemaligen Zollhaus und ernährte sich von Kartoffeln, die er hier und da ergatterte, und von den Mahlzeiten, zu denen ihn die Dorfbewohner einluden. Eines Tages kam plötzlich eine deutsche Einheit angerollt. Aus Angst, denunziert zu werden, flog er in die umliegenden Felder und versteckte sich im Keller eines verfallenen, rosenumrankten Hauses. Obwohl sich schnell herausstellte, daß sich die deutsche Einheit verfahren hatte und nur deshalb im Ort gelandet war, wechselte er sein Quartier und ließ sich in »Dornröschens Märchenschloß« nieder, wo er, nur von Ungeziefer gestört, bis zur Befreiung Frankreichs blieb. Er kehrte nach Paris zurück, heiratete Helga und lebte glücklich bis ins hohe Alter von über hundert Jahren.

Litauen – ein einziges jüdisches Massengrab

Ich war gerettet und wieder frei. Aber ich war allein, hatte vier Jahre lang nichts gelernt und war ohne Mittel und Unterstützung durch die Familie. Schlimmer noch, ich war ein DP (displaced person), ein Mensch ohne Heimat. Was meine Vorfahren als ihre Heimat angesehen hatten, verwandelte sich für ihre Nachkommen in ein einziges großes Massengrab. Von den etwa 200 000 litauischen Juden, die unter die deutsche Besatzungsherrschaft gerieten, überlebten nur etwa 8000.

Hier brauchte man keinen Adolf Eichmann und Kolonnen von Güterzügen, um die Menschen in die Todesfabriken zu bringen. Es genügte »Ein Rollkommando von 10 bewährten Männern« (Jäger-Bericht) – das übrige besorgten Hunderte unserer langjährigen litauischen Nachbarn –, um die gesamte jüdische Bevölkerung der litauischen Provinz – jung und alt, Erwachsene, Kinder, Säuglinge und Greise – im Verlauf von nur sechs Monaten auf grausamste Weise umzubringen. Die willigen Henker verrichteten ihre blutige Arbeit so besessen und eifrig, daß Litauen zu einem der bevorzugten Plätze des Mordes (»Übersiedlung in den Osten«) an den deutschen Juden wurde und die berüchtigten litauischen Schutzmannschaftsbataillone auch bei dem Mord an Juden in angrenzenden polnischen und weißrussischen Territorien eingesetzt wurden.

Litauen, das Land, in dem ich meine glücklichen Kinderjahre verbrachte, war jetzt nur noch ein einziges riesiges jüdisches Massengrab. Friedhöfe aber sind kein Platz zum Leben, und ich mußte mir eine andere Heimat suchen.

Die Erzählung ist zu Ende, aber noch nicht abgeschlossen ...

Meine wirkliche Lebensgeschichte fing erst an, und drei weitere Jahren dauerte der Weg in meine alt-neue Heimat – Israel.

Wie ich auf den Dächern von Zügen, auf der Suche nach Schwester und Mutter, nach Polen kam. Was mit mir dort passierte und in welchen Gefahren ich wieder schwebte. Wie ich mit einer Jugendgruppe auf Schleichwegen über alle Grenzen Europas und über die Alpen nach Italien kam. Was wir neun Tage im Mittelmeer, in einem Seelenverkäufer auf hoher See erlebten. Wie ich wieder hinter Stacheldrahtzäunen auf Zypern eingesperrt war und von dort mit einem Fischerboot entkam, geradewegs in den Krieg gegen die arabischen Nachbarstaaten, die uns angegriffen hatten. Und wie ich mit Ester, meiner Lebensgefährtin, die als einzige aus ihrer Familie überlebt hatte, ein neues Leben aufbaute – das alles wird, wenn es mir vergönnt ist, in einer Fortsetzung erzählt werden ...

Nach 1945

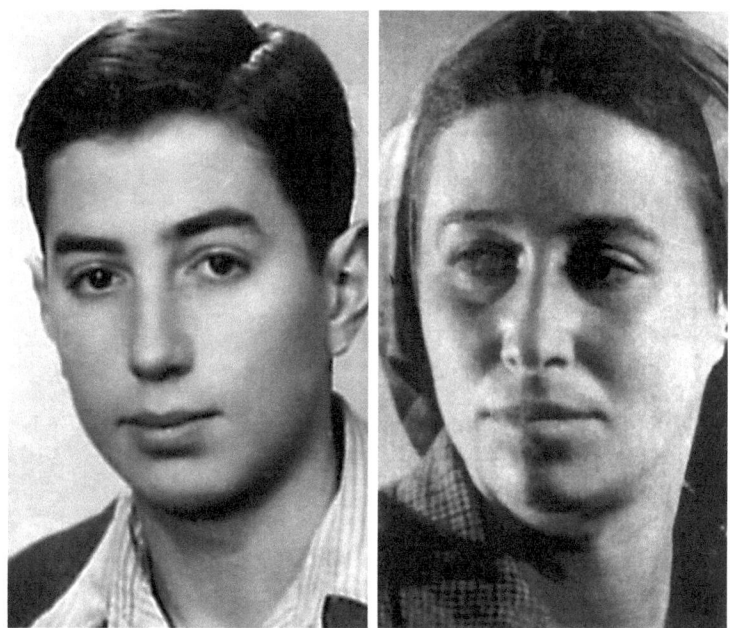

Dita und ich fünf Monate nach der Befreiung.

Meine Mutter und ich im britischen
Internierungslager auf Zypern, 1948.

Meine Frau Ester und ich, 1951.

Totengebet am Ort unserer Befreiung,
zwischen Reichersbeuern und
Waakirchen, 1995.

Einweihung des Todesmarsch-Mahnmals
bei Waakirchen am 50. Jahrestag unserer
Befreiung, 1995.

Mit anderen Überlebenden des Todesmarsches bei Familie Kunstwald in Reichersbeuern.

Friedrich Schreiber, Zwi Katz, Max Manheimer (Vorsitzender der Dachaugemeinschaft) und Otto Ernst Holthaus in der Gedenkstätte Dachau

Gedenkzug an den Dachauer Todesmarsch im Jahr 2000, in der ersten Reihe von links nach rechts: Friedrich Schreiber, Max Mannheimer, Aba Naor und ich.

Todesmarschmahnmal

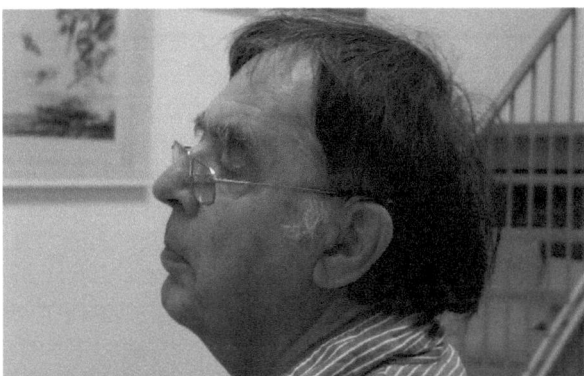

Prof. Hubertus von Pilgrim schuf das Todesmarschmahnmal

Dr. Ekkehard Knobloch, langjähriger Bürgermeister von Gauting, Initiator und Mentor des Mahnmals

Christoph Dieckmann **Nachwort**

In den Erinnerungen von Zwi Katz erfahren wir neben seinem dramatischen Lebensweg viel zur Geschichte seiner Familie. In ihr spiegeln sich zugleich Tendenzen des litauischen Judentums, das sich trotz aller Bedrängnis und Not bis zum Holocaust im Zweiten Weltkrieg in ungewöhnlich vielfältiger Weise entfaltet hatte. Die Vernichtungspolitik der Deutschen, die mit Hilfe zahlreicher Litauer durchgeführt wurde, löschte die jüdischen Gemeinden Litauens fast vollständig aus.

Die Familie Katz paßte nicht in das verbreitete Klischee vom Ostjudentum, das vermeintlich in ungebrochener religiöser Tradition im kleinen Städtchen in Armut auf den Messias wartete und sein Brot mit dem Kleinhandel erwarb. Großvater Zemach Katz, der seinen Besitz im Ersten Weltkrieg verloren hatte, als das russische Zarenregime im Jahr 1915 etwa drei Viertel der litauischen Juden zwangsevakuierte, bevor die Deutschen Litauen zum erstenmal besetzten, achtete noch auf das Begehen religiöser Feste. Die übrige weit verzweigte Familie suchte andere Wege. Zum Beispiel hatte ein Onkel von Zwi Katz in Deutschland und der Schweiz studiert, ein anderer war in der antizaristischen Bewegung aktiv. Der eine ging den Weg der Emanzipation durch Bildung und Anschluß an die europäische Aufklärung, der andere suchte den Weg der Emanzipation durch radikale Veränderung der gesellschaftlichen Verhältnisse vor Ort.

Litauen hatte vom 14. bis zum 18. Jahrhundert in enger Verbindung mit Polen ein Großreich gebildet. Durch die dritte polnische Teilung 1795 verlor es die Selbständigkeit und wurde ein Teil des Zarenreiches. Erst mit dem aufkommenden modernen Nationalismus im 19. Jahrhundert entstand Litauen zum Ende des Weltkriegs 1918 neu als unabhängiger Staat. An die Stelle des Vielvölkerreiches der polnisch-litauischen Union trat nun ein kleines Litauen ohne das mehrheitlich polnisch-jüdische Vilnius-Gebiet, das erst 1939 mit sowjetischer Hilfe wieder zu Litauen kam. 80 Prozent der Bevölkerung waren ethnische Litauer, es gab eine große jüdische (7,6 Prozent der Gesamtbevölkerung) und kleinere polnische, deutsche und russische Minderheiten. In den Anfangsjahren des unabhängigen und demokratischen Litauen war durch weitgehende Minderheitenrechte das Potential zur Integration der litauischen Gesellschaft im neuen Staat vorhanden. Die Familie Katz führte in Kaunas ein Kinderwarengeschäft, die Mutter von Zwi Katz war Zahnärztin. Wie viele der aufgeklärten Juden Litauens orientierte sich die Familie zunächst weniger auf die litauische Kultur hin. Viele blickten nach

Deutschland, Polen oder Rußland, viele auch nach Palästina, da die zionistischen Strömungen in Litauen sehr stark waren. Ein deutsches Kindermädchen kümmerte sich um die Kinder der Familie, Zwis Schwester ging auf die deutsche Realschule in Kaunas.

Mit dem Putsch von Dezember 1926 kam eine autoritäre Diktatur unter Antanas Smetona an die Macht. Die nationalistischen Töne nahmen wie in ganz Europa vor allem in den 1930er Jahren zu und gefährdeten immer stärker den Versuch, ein friedliches Zusammenleben von Bevölkerungsgruppen verschiedener Herkunft und Kultur gelingen zu lassen. Zwis Schwester mußte vom deutschen auf das litauische Gymnasium wechseln. Das Kinderwarengeschäft mußte schließen. Die Kinder kamen bei den Großeltern und einer Tante unter, die Mutter arbeitete nun hauptberuflich als Zahnärztin. Vor der Zulassung als Ärztin in der Stadt mußte sie fünf Jahre in der Provinz arbeiten. Sie erlebte das arme, aber friedliche Leben in Vilkija, einem 30 km nordwestlich gelegenen Städtchen mit etwa 2000 Einwohnern, darunter 400 bis 500 Juden. Überlegungen, nach Palästina auszuwandern, scheiterten 1936 daran, daß sich die Großeltern ein Leben im heißen Nahen Osten nicht vorstellen konnten.

Die Jahre bis zum Kriegsausbruch 1941 erinnert Zwi Katz als eine Zeit trügerischer Ruhe. Im Juni 1940 war zwar Litauen durch die Sowjetunion annektiert worden, das großväterliche Geschäft verstaatlicht und in Kaunas entstanden Wohnungsprobleme durch die sowjetische Konfiszierung zahlreicher Wohnungen. Aber die sowjetische Herrschaft mit der vermeintlich starken Roten Armee erschien vielen litauischen Juden als Schutzschild vor dem deutschen NS-Regime. Daß es unter den Deutschen zum Völkermord kommen würde, konnte allerdings niemand ahnen. Auch die 1939/1940 aus Polen nach Litauen geflüchteten Juden wußten davon noch nichts zu berichten. Von einem Gefühl des Schutzes durch die Sowjetmacht konnte für die Litauer hingegen keine Rede sein. Sie setzten für die Wiedererlangung der Unabhängigkeit auf Deutschland, ihrerseits voller Illusionen über die Ziele und den Charakter des NS-Regimes. In Absprache mit den Deutschen wurde ein litauischer nationaler Aufstand bei Kriegsbeginn geplant. Waren Wehrmacht und Gestapo vor allem an der unterstützenden Wirkung für militärische Ziele interessiert, ging es der litauischen Seite um die Wiedererlangung der Souveränität.

In der litauischen Gesellschaft waren während der kurzen Zeit des Sowjet-Regimes 1940/1941 die antisemitischen Strömungen und Stimmungen immer stärker geworden. Unter dem Deckmantel des Antikom-

Die Memel bei Kaunas.

munismus machten extreme Gruppierungen »die jüdischen Kommunisten« für den Verlust der Unabhängigkeit verantwortlich und fanden damit zunehmend Resonanz bei der litauischen katholischen Bevölkerung. Zwar stellten Litauer und Russen die Mehrheit der Mitglieder in den sowjetischen Organisationen und die Politik der kommunistischen Partei wurde von Personen bestimmt, die aus der Sowjetunion nach Litauen geschickt worden waren. Aber die plötzliche Präsenz von Juden überhaupt in staatlichen Institutionen und die Mitwirkung vor allem junger Juden, die sich voller Enthusiasmus für die Idee der Gleichheit den sowjetischen Instanzen angeschlossen hatten, wurden zum Anlaß genommen, das litauische Volk zum Opfer von »fremden« Kommunisten und Juden zu stilisieren. In dieser antisemitischen Sicht wurde gewaltsames Vorgehen gegen jüdische Zivilisten mit vermeintlicher Notwehr und dem Recht auf Selbstverteidigung legitimiert. Auch das Beispiel der Familie Katz zeigt, wie absurd die pauschalen antisemitischen Beschuldigungen waren. Die Familie hatte nicht nur in ökonomischer Hinsicht massiv unter der Sowjetisierungspolitik zu leiden, es wurde auch eine Tante von Zwi Katz mit ihrem Mann vor Kriegsausbruch nach Sibirien deportiert, als innerhalb weniger Tage etwa 17 500 Personen, darunter etwa 2000 Juden, von den Sowjets verschleppt wurden. Nur ein Onkel der großen Familie Katz war Kommunist und sowjetischer Beamter.

Am 22./23. Juni 1941 brach schlagartig der Mythos der Unbesiegbarkeit der Roten Armee in sich zusammen, als sie nach dem deutschen Angriff rasch versuchte, sich aus Litauen hinter die alte sowjetische Grenze zurückzuziehen. Zehntausende Juden versuchten, nach Osten zu fliehen, was aber nur 10 000 bis 15 000 Juden gelang. Viele der älteren Generation der Juden – wie der Großvater von Zwi Katz – hatten sowieso gegen die Flucht argumentiert, da die Erfahrungen unter deutscher Besatzungsherrschaft aus dem Ersten Weltkrieg zwar erschwerte Lebensumstände, aber keine Katastrophen erwarten ließen. Über 200 000 litauische Juden saßen nun in der Falle, alle Fluchtwege waren versperrt. Der Zorn und die Ohnmachtserfahrungen der Litauer richteten sich gegen die Juden. Der deutschen Sicherheitspolizei gelang es, kleinere Gruppen zu brutalen, teilweise öffentlichen und erhebliches Aufsehen erregenden Massakern in Kaunas aufzuhetzen. Neben grauenhaften Pogromen kam es in den ersten Tagen nach Kriegsbeginn in Kaunas zu Massenfestnahmen nicht nur von zurückgebliebenen Kommunisten und Rotarmisten, sondern auch von Tausenden jüdischen Männern, Frauen, Jugendlichen und Kindern. Zwi Katz schildert, wie junge bewaffnete Litauer von Haus zu Haus gingen und jüdische Männer suchten, um sie abzuführen, zum Teil auch um sie sofort zu ermorden. Von nun an entschied oft der pure Zufall und das Verhalten Einzelner über Fragen von Leben und Tod. Die Erinnerungen von Zwi Katz machen dies sehr deutlich. So gelang es dem litauischen Dienstmädchen, die sogenannten Partisanen nicht ins Haus zu lassen. Viele andere litauische Hausmeister und Angestellte denunzierten jedoch ihre jüdischen Hausbewohner.

In den ersten Tagen starben eine ganze Reihe männlicher Verwandter von Zwi Katz. Sie wurden von Deutschen und Litauern in einer alten Festungsanlage in Kaunas, dem -Fort VII-, mit 5000 bis 6000 weiteren Juden bis zum 6. Juli 1941 erschossen. Auch der Vater von Zwi Katz verschwand, dessen Schicksal ungeklärt ist. Angesichts der anhaltenden Pogromatmosphäre erschien die deutsche Zwangsmaßnahme, alle Juden bis Mitte August 1941 in ein Ghetto auf extrem kleinen Raum im Kaunasser Vorort Vilijampole zu sperren, sogar den litauischen Juden als ein Weg, aus der täglichen Angst herauszukommen und ein Minimum an Schutz zu finden. Die meisten der festgenommenen Frauen und Kinder ließ die deutsche Sicherheitspolizei unter der erpresserischen Bedingung wieder frei, daß die Juden von Kaunas an ihrer eigenen Ghettoisierung mitarbeiteten.

Währenddessen hatten sich die Mutter von Zwi Katz und er auf den Weg nach Vilkija gemacht. Die Mutter nahm an, die Versorgung mit Lebensmitteln werde in dem ländlichen Städtchen einfacher sein und es werde nicht zu ähnlichen Drangsalierungen der örtlichen Juden wie in der Hauptstadt Kaunas kommen. Ausführlich beschreibt Zwi Katz den gefahrvollen Weg nach Vilkija, die sehr niedergedrückte Stimmung bei den Juden dort und wie sie dank der Hilfe weniger Wehrmachtssoldaten rasch wieder nach Kaunas zurückkehren können. Dieses rettete Zwi Katz und seine Mutter vor der im August einsetzenden Massenmordkampagne in den ländlichen Regionen Litauens, der fast alle dort lebenden Juden zum Opfer fielen. Unter deutscher Regie wurden in enger Zusammenarbeit von deutscher und litauischer Verwaltung, deutscher und litauischer Polizei bis Anfang November 1941 die jüdischen Gemeinden ausgelöscht.

Zwi Katz und seine Mutter kehrten am 10. Juli 1941 nach Kaunas zurück, dem Tag, als der Ghettoisierungsbefehl in Kaunas publik gemacht wurde. Es war der Geburtstag von Zwi Katz. Die gesamte Phase der Ghettoisierung – von Mitte Juli 1941 bis zwei Wochen nach Schließung des Ghettos am 15. August 1941 – kam einem riesigen Raub- und Enteignungsprozeß gleich. Alle, die nicht innerhalb des für das Ghetto vorgesehenen Gebietes wohnten, verloren ihre Wohnungen, ihr Eigentum und Vermögen wurden geraubt, an Litauer und Deutsche verteilt. Viele verloren ihre Arbeit und mußten fortan auf engstem Raum zusammengepfercht sich völlig neu orientieren.

Als in Kaunas in der zweiten Augusthälfte erneute Massenmorde einsetzten, ging es um das schiere Überleben. Fast die Hälfte der ghettoisierten Juden überlebte die Selektionen und Morde bis Ende Oktober 1941 nicht. Wie in den beiden anderen großen litauischen Ghettos in Vilnius und ·iauliai versuchte die deutsche Verwaltung, nur den Teil der städtischen Juden am Leben zu lassen, der ihr vorübergehend für die Kriegswirtschaft nützlich erschien. Zwis Schwester war mit Jehuda Zupovitch verheiratet, einem überzeugten Mitglied von Betar, einer rechtsgerichteten zionistischen Bewegung. Er wurde stellvertretender jüdischer Polizeichef im Kaunasser Ghetto. Daher konnte die Familie die Selektionen überstehen. Die etwa 16 000 Juden, die die Erschießungen in Kaunas überlebten, mußten in großer Armut Zwangsarbeit leisten. Nur dank des permanenten Schmuggels von Lebensmitteln und anderer unentbehrlicher Güter gelang es ihnen, zu überleben. In einer der beeindruckendsten Passagen seiner Erinnerungen erzählt Zwi Katz die Geschichte der sogenannten Hasenbrigade, von Jugendlichen, die »wie die Hasen« in der Stadt herumsprangen, um Lebensmittel zu erlangen und sie abends ins Ghetto zurückzuschmuggeln. Hervorgehoben sei, wie unterschiedlich Litauer auf Begegnungen mit diesen Jugendlichen reagierten. Die einen jagten sie aus Haß und Ignoranz weg, andere halfen in dem ihnen möglichen Rahmen.

Den heftigsten Schlag erlitt die Familie im Frühjahr 1944. Nach zweijähriger Herrschaft der Zivilverwaltung über das Ghetto hatte im Herbst 1943 die SS das Regime übernommen. Am 27./28. März 1944 führte die SS die »Kinder- und Altenaktion« durch, der etwa 1300 Juden zum Opfer fielen. Den Überlebenden erschien dieses zwei Tage anhaltende Massaker als das furchtbarste Geschehen überhaupt. Die Kinder bis zu 12 Jahren wurden den Müttern aus den Armen gerissen, auf Lastwagen geworfen und weggebracht. Ältere Menschen wurden verschleppt. Um Widerstand seitens der jüdischen Ghettopolizei zu verhindern und um von ihr den Verrat von Verstecken innerhalb des Ghettos durch Folter zu erzwingen, war am Morgen des 27. März die gesamte jüdische Polizei ins Fort IX gebracht worden. Zwis Schwager Jehuda Zupovitch kehrte wie 40 andere Polizisten nicht zurück, da sie Verbindung zum jüdischen Untergrund im Ghetto hatten, beziehungsweise ihm selbst angehörten. Sie wurden erschossen. Die Großeltern, die kleinen Kinder der Familie – sie alle wurden ermordet. Manche Säuglinge und Kleinkinder konnten vorher bei Litauern außerhalb des Ghettos untergebracht und versteckt werden.

Im Juli 1944 eroberte die Rote Armee Litauen, die Deutschen mußten sich zurückziehen. Juden sollten weiter Sklavenarbeiten verrichten und wurden nach Westen deportiert. Wieder selektierten die Deutschen und ermordeten diejenigen, die ihnen »untauglich« erschienen. Die jüdischen Frauen mußten in das Konzentrationslager Stutthof oder eines seiner Außenlager, die jüdischen Männer kamen in Außenlager des Konzentrationslagers Dachau. Zwi Katz mußte in Kaufering Zwangsarbeit verrichten. Unter dem brutalen Regime der Organisation Todt, die Bauarbeiten organisierte, verschlechterten sich die Lebensumstände noch einmal drastisch. Zwi Katz schildert seine furchtbaren Erfahrungen während der acht Monate dort. Der Terror, der Hunger und das Elend forderten ungezählte Opfer – darunter viele litauische Juden.

Als die US-amerikanische Armee sich an die Lager herankämpfte, wurden die Häftlinge von den Wachmannschaften auf die »Todesmärsche« getrieben. Detailliert berichtet Zwi Katz von der Qual dieser Tage, das erlebte Grauen ist kaum vorstellbar. Mehrere Fluchtversuche verlaufen unglücklich. Aber eines Tages sind die Wachen verschwunden, die Befreiung ist da. Drei Jahre später kann Zwi Katz in Israel ein neues Leben beginnen. Es dauerte fast ein halbes Jahrhundert, bis das Erzählen über die Zeit in Litauen unter deutscher Herrschaft möglich wurde.

Kaunas mit der Hauptstraße Laisves
Allea, Aufnahme von 1986.

In Litauen begann mit der Rückeroberung durch die Rote Armee im Sommer 1944 ein neues Kapitel. Hatten die Litauer unter der deutschen Besatzung relativ wenig gelitten, so gehörten sie nun zu den Hauptopfern sowjetischer Politik. Für sie war der Zweite Weltkrieg mit seinen Folgen noch lange nicht zu Ende. Etwa 60 000 Litauer verließen mit den Deutschen Litauen, unter ihnen viele, die mit den Deutschen kooperiert hatten. Mindestens 100 000 Litauer wurden 1944/1945 in die Rote Armee zwangsmobilisiert und im Zeitraum 1945 bis 1953 deportierten die Sowjets in mehreren Schüben etwa 110 000 Litauer in die östlichen Gebiete der Sowjetunion. Von 1944 bis 1952 fand innerhalb Litauens ein erbitterter Kampf litauischer Partisanen gegen das neue Sowjetregime statt, der auf beiden Seiten etwa 25 000 Opfer kostete. Daher wurde im litauischen Gedächtnis die deutsche Besatzungszeit völlig von der sowjetischen Besatzungszeit überlagert, die bis 1990 anhielt, als Litauen erneut unabhängig wurde.

Von sowjetischer Seite aus wurden vor allem Ende der 1940er und in den 1960ern 250 bis 300 Strafverfahren gegen Litauer angestrengt, die an der Ermordung der litauischen Juden beteiligt gewesen waren. Diese Strafprozesse fanden jedoch in einem Rahmen statt, der von Kampagnen gegen die litauische ›Bourgeoisie‹ und litauischen ›Nationalismus‹

Die Russisch-Orthodoxe Kirche. Bis 1933 wohnte
Familie Katz gleich links davon.

gekennzeichnet war. Sehr rasch wurde nicht mehr von Verbrechen gegen Juden gesprochen, sondern von Verbrechen gegen ›sowjetische Zivilisten‹. Erst nach der Erlangung der Unabhängigkeit 1990 kam die strafrechtliche Aufarbeitung der Verbrechen unter deutscher Besatzung wieder in Gang, wenngleich unter erheblichen Schwierigkeiten.

Nur knapp 2.000 litauische Juden lebten 1944/1945 noch auf litauischem Boden. Da ein Teil der 1941 in die Sowjetunion geflüchteten Juden zurückkehrte und einige tausend nichtlitauische Juden aus anderen sowjetischen Gebieten dazukamen, lebten Anfang 1946 wieder etwa 10 000 Juden in Litauen. Unter schweren wirtschaftlichen Bedingungen versuchten sie, mit dem Verlust von über 90 Prozent der litauischen Juden irgendwie umzugehen und ein neues Leben anzufangen. Aber zwischen 1948 und 1950 schloß das Sowjetregime alle gerade wieder mühselig aufgebauten jüdischen Institutionen. Unter dem Vorwand des Antizionismus brach sich wieder eine antisemitische Politik Bahn; es kam erneut zu Verhaftungen, Verurteilungen und Verschleppungen von Juden. Nur der Tod Stalins 1953 verhinderte weitergehende Verfolgungen. Seit 1945 versuchten daher viele überlebende Juden, auf legalem und illegalem Wege Litauen zu verlassen und nach Palästina oder Amerika auszuwandern. Der wichtigste Beweggrund dafür lag für litauische Juden jedoch weniger in den schwierigen Lebensbedingungen unter dem Sowjetregime. Wichtiger war das Trauma, in Litauen auf einem riesigen jüdischen Friedhof zu leben, der zugleich Mordstätte gewesen war, und mit dem schrecklichen Verlust andauernd konfrontiert zu werden. Die meisten konnten ein neues Leben nur an einem anderen Ort beginnen.

Die jüdische Gemeinde blieb dennoch bestehen, da Juden aus anderen Teilen der Sowjetunion zuwanderten. Trotz weiterer Auswanderungswellen in den folgenden Jahrzehnten lebten daher 1989/1990 immer noch etwa 12 000 Juden im wieder unabhängig werdenden Litauen. Leider blieb der Antisemitismus im unabhängigen Litauen virulent und 1997 war die jüdische Gemeinde auf etwas über 5000 Juden geschrumpft. Mehr als 6000 litauische Juden hatten die Auswanderung dem Bleiben vorgezogen.

Bibliographische Notiz

Zur Geschichte des Ghettos in Kaunas liegt bis heute in keiner Sprache eine wissenschaftliche Darstellung vor. Es gibt jedoch auch in deutscher Sprache weitere Autobiografien und Tagebücher, die Einblick in die Geschichte der Juden Litauens unter diesen unmenschlichen Bedingungen geben. In jedem dieser Bücher lernen wir einen Ausschnitt des Geschehens kennen, aus je unterschiedlichen Perspektiven – abhängig von den Erfahrungen der Autoren und Autorinnen sowie dem Zeitpunkt der Aufzeichnungen. Ebenfalls aus der Perspektive von Jugendlichen aufgeschrieben sind die Erinnerungen von Solly Ganor, Raya Kruk, Renata Yesner, Trudi und Zev Birger.[1] Über den jüdischen Widerstand im Ghetto Kaunas erfährt man viel in dem Buch von Alex Faitelson.[2] Die Sichtweise eines religiös fühlenden Erwachsenen hat Leo Lewinson dargelegt.[3]

Basierend auf überlieferten Briefen ist das Buch von Livio Isaak Sirovich eindrucksvoll, weil es die Vorgeschichte mit umfasst und die allmähliche Veränderung zum Schlechteren innerhalb des Memellandes und Litauen im Großen nachvollziehbar macht durch die Schilderungen des alltäglichen Lebens wie in einem Mikrokosmos.[4] Das Tagebuch der in Kaunas lebenden litauischen Ärztin Elena Kutorgiene ist ein herausragendes Dokument zum Leben in Kaunas innerhalb des ersten halben Jahres deutscher Besatzungsherrschaft.[5] Unmittelbar nach Kriegsende in Litauen im Sommer 1944 hat die Deutsche Helene Holzman ihre Beobachtungen und Erfahrungen in Notizheften aufgeschrieben, die einen seltenen präzisen und sensiblen Einblick in das Leben der Stadt Kaunas bieten.[6]

Wer sich über die Geschichte des Ghettos in Kaunas hinaus über die Geschichte der Juden in Litauen und die Zeit der deutschen Besatzungsherrschaft informieren will, kann auf das Buch des litauischen Juden Solomon Atamuk zurückgreifen. Mittlerweile liegen auch erste wissenschaftliche Publikationen von deutschen Autoren vor, die das reichhaltige Material der nun geöffneten litauischen Archive nutzen, nachdem es lange Zeit nur die Vorarbeiten des Finnen Seppo Myllyniemi und von Roswitha Czollek gegeben hat.[7]

Anmerkungen

1 Solly Ganor, Das andere Leben. Kindheit im Holocaust, Frankfurt 1997; Raya Kruk, Lautlose Schreie. Berichte aus dunklen Zeiten, Frankfurt 1999; Yesner, Renata, Jeder Tag war Yom Kippur. Eine Kindheit im Ghetto und KZ. Frankfurt, 1995; Trudi Birger, Im Angesicht des Feuers. Wie ich der Hölle des Konzentrationslagers entkam, München 1990; Zev Birger, Keine Zeit für Geduld, München 1997.
2 Alex Faitelson, Im jüdischen Widerstand, Baden-Baden/Zürich 1998.
3 Leo Lewinson, Der unvergängliche Schmerz. Zum Leben und Leiden der litauischen Juden. Ein persönlicher Bericht 1920-1945, Konstanz 2001.
4 Livio Isaak Sirovich, »Ihr Lieben, schreibt mir nicht alles« Eine jüdische Familie in Litauen 1935-1941, München 2001.
5 Elena Kutorgiene-Buivydaite, Tagebuch Juni bis Dezember 1941, in: V. Grossmann, I. Ehrenburg, Das Schwarzbuch. Der Genozid an den sowjetischen Juden. Hg. der deutschen Ausgabe Arno Lustiger, Frankfurt 1994, S. 621-673.
6 »Dies Kind soll leben«. Die Aufzeichnungen der Helene Holzman 1941-1944. Hg. von Reinhard Kaiser und Margarete Holzman, Frankfurt 2000.
7 Solomon Atamuk, Die Juden in Litauen, Ein geschichtlicher Überblick, Konstanz 2000; Seppo Myllyniemi, Die Neuordnung der Baltischen Länder 1941-1944. Zum nationalsozialistischen Inhalt der deutschen Besatzungspolitik, Helsinki 1973; Roswitha Czollek, Faschismus und Okkupation. Wirtschaftspolitische Zielsetzung und Praxis des faschistischen deutschen Besatzungsregimes in den baltischen Sowjetrepubliken, Berlin 1974; Wolfgang Benz/Marion Neiss (Hg.), Judenmord in Litauen. Studien und Dokumente, Berlin 1999; Wolfgang Benz, Konrad Kwiet, Jürgen Matthäus, (Hg.), Einsatz im »Reichskommissariat Ostland«. Dokumente zum Völkermord im Baltikum und in Weißrußland 1941-44. Berlin 1998; Christoph Dieckmann, Der Krieg und die Ermordung der litauischen Juden. In: Ulrich Herbert (Hg.), Nationalsozialistische Vernichtungspolitik 1939-1945. Neue Forschungen und Kontroversen, Frankfurt 1998, S. 292-329; Derselbe, Das Ghetto und das Konzentrationslager in Kaunas 1941-1944. In: Ulrich Herbert, Karin Orth, Christoph Dieckmann (Hg.), Die nationalsozialistischen Konzentrationslager – Struktur und Entwicklung, Göttingen 1998, Bd. 1, S. 439-471.